福建省高速公路施工标准化管理系列指南

福建省高速公路施工标准化管理指南
Fujian Sheng Gaosu Gonglu Shigong Biaozhunhua Guanli Zhinan

第五分册　隧道工程
Di-wu Fence　Suidao Gongcheng

（第三版）

福建省高速公路建设总指挥部　组织编写

人民交通出版社

北　京

内 容 提 要

本书为《福建省高速公路施工标准化管理指南 第五分册 隧道工程》(第三版),系在现行高速公路隧道工程设计、施工、验收等相关标准、规范基础上,总结福建省多年来高速公路隧道建设实践经验编制而成。本书图文并茂地对隧道工程施工工序、技术、工艺和管理进行说明,将规范化管理、标准化施工的理念贯穿于施工管理全过程。本书对于规范高速公路隧道工程施工,克服质量通病,提高管理水平,保证施工质量和安全生产有很好的指导作用。

本书适用于钻爆法开挖为主的高速公路隧道,高速连接线的公路隧道可参照执行,也可供其他省份相关管理与技术人员参考使用。

图书在版编目(CIP)数据

福建省高速公路施工标准化管理指南. 第五分册, 隧道工程 / 福建省高速公路建设总指挥部组织编写. 3 版. — 北京: 人民交通出版社股份有限公司, 2024. 12. — ISBN 978-7-114-20046-5

Ⅰ. U415.1-62

中国国家版本馆 CIP 数据核字第 202554ZT06 号

福建省高速公路施工标准化管理系列指南

书 名:	福建省高速公路施工标准化管理指南 第五分册 隧道工程(第三版)
著 作 者:	福建省高速公路建设总指挥部
责任编辑:	师静圆 朱伟康
责任校对:	赵媛媛 刘 璇
责任印制:	张 凯
出版发行:	人民交通出版社
地 址:	(100011)北京市朝阳区安定门外外馆斜街 3 号
网 址:	http://www.ccpcl.com.cn
销售电话:	(010)85285857
总 经 销:	人民交通出版社发行部
经 销:	各地新华书店
印 刷:	北京市密东印刷有限公司
开 本:	880×1230 1/16
印 张:	9.75
字 数:	218 千
版 次:	2024 年 12 月 第 3 版
印 次:	2024 年 12 月 第 1 次印刷
书 号:	ISBN 978-7-114-20046-5
定 价:	90.00 元

(有印刷、装订质量问题的图书,由本社负责调换)

福建省高速公路施工标准化管理系列指南

编 委 会

主　　任：陈岳峰

副 主 任：潘向阳　　陈礼彪

委　　员：许文章　　蒋建新　　黄朝光

本书编写人员

主　　编：陈礼彪

副 主 编：刘光东　　林志平

参编人员：李　音　　高　登　　高青伟　　许　晟

　　　　　丁跃国　　黄　键　　陈能晃

主编单位：福建省高速公路建设总指挥部

　　　　　福建省高速公路集团有限公司

参编单位：福建省高速公路学会

前 言

2013年12月，我部组织对"福建省高速公路标准化管理系列指南"进行了第一次修编，各参建单位通过近十年的认真贯彻和执行，取得了较好的成效，有效控制了工程质量安全，提高了建设管理水平。党的十八大以来，党中央提出贯彻"创新、协调、绿色、开放、共享"五大发展理念，我国进入了高质量发展的新阶段。《交通强国建设纲要》《质量强国建设纲要》《国家综合立体交通网规划纲要》的陆续发布，开启了我国交通运输建设的新篇章。福建省也积极响应，全力开展交通强国先行区建设。根据福建省委、省政府发布的《福建省综合立体交通网规划纲要》，未来一段时间福建省高速公路将进入新一轮的建设高峰。为更好地贯彻落实交通强国、质量强国的要求，把握新发展阶段，贯彻新发展理念，构建新发展格局，全方位推动福建省高质量发展，更好地"服务发展、服务民生、服务国防建设"，推动福建省高速公路建设向更高速度、更高水平、更高质量发展，我部组织对"福建省高速公路标准化管理系列指南"进行了第二次修编。

本次修编是在近十年"福建省高速公路标准化管理系列指南"使用的基础上，针对使用过程中存在的问题和不足，结合最新的标准、规范、规程，以及交通运输部关于创建绿色公路、平安百年品质工程等工作要求，吸纳已广泛应用的新技术、新工艺、新材料、新设备等和其他省（区、市），以及铁路、市政、建筑等行业可借鉴的经验做法，体现了新时代福建省高速公路建设管理"标准化、均质化、工业化、智能化、绿色化"的具体要求。修编后的"福建省高速公路施工标准化管理系列指南"共七个分册，包括工地建设、路基工程、路面工程及交通安全设施、桥梁工程、隧道工程、生态保护与恢复、工程信息化管理。

本书为第五分册"隧道工程"，针对钻爆法开挖的公路隧道，从一般规定、施工工序、施工要点等方面提出具体要求，强化施工机械配置、超前地质预报、隧道开挖方法选择、动态设计与信息化管理、光面爆破、初期支护质量、二次衬砌外观等方面要求，推行工后检测、二次衬砌台车准入、人员进洞登记、施工安全风险评估等制度，确保隧道工程质量和施工安全；采取提高人员安全防护标准、远程视频监控、设置应急逃生管道、推广"零开挖"进洞理念、设置污水处理池、强化施工通风照明等措施，改善隧道施工作业条件，体现以人为本的建设理念。

本次修订的主要内容包括：

（1）对原指南章节进行了补充和调整：增加第4章第7节"改扩建隧道"；将第14章"安全生产与文明施工"并入各分项"安全环保"章节，将"环境保护"并入新增的"生态保护与恢复"分册，将隧道施工的主要机械设备做了新的要求，并调整到第2章"施工准备"中进行强调。

（2）新增部分施工工序工艺流程图；调整隧道初期支护工序步骤，强化系统锚杆施工步骤和工艺要求；增加隧道风险评估后管控措施；增加施工安全环保方面的要求。

本指南可供高速公路项目各参建单位、参建人员使用。使用过程中发现的问题和修改意见，请反馈至福建省高速公路建设总指挥部建设管理部（福州市东水路18号交通综合大楼21F，邮编350001），以便修订时参考。

福建省高速公路建设总指挥部
2024年12月

目 录

1 总则 ··· 1
　1.1 目的及范围 ··· 1
　1.2 编制依据 ·· 1
　1.3 总体要求 ·· 1
2 施工准备 ·· 3
　2.1 一般规定 ·· 3
　2.2 技术准备 ·· 4
　2.3 施工场地 ·· 8
　2.4 施工人员和材料采备 ······································ 12
　2.5 施工机械 ··· 14
　2.6 智能建造 ··· 21
　2.7 风、水、电供应 ··· 22
　2.8 弃渣场、自办料场 ·· 25
　2.9 施工环境保护 ·· 26
3 洞口与明洞工程 ··· 28
　3.1 一般规定 ··· 28
　3.2 施工工序 ··· 29
　3.3 施工要点 ··· 30
4 洞身开挖 ··· 37
　4.1 一般规定 ··· 37
　4.2 施工工序 ··· 38
　4.3 施工要点 ··· 39
　4.4 开挖方法 ··· 43
　4.5 连拱隧道 ··· 53
　4.6 小净距隧道 ·· 55
　4.7 改扩建隧道 ·· 56

4.8	安全环保	57

5 初期支护与辅助工程措施 62

5.1	一般规定	62
5.2	喷射混凝土	63
5.3	锚杆	66
5.4	钢架	69
5.5	钢筋网	72
5.6	超前锚杆支护	73
5.7	超前小导管预注浆支护	74
5.8	超前管棚支护	76
5.9	超前帷幕注浆	77
5.10	超前核心土加固	81
5.11	地表加固	82
5.12	质量要求	82
5.13	安全环保	84

6 仰拱与铺底 86

6.1	一般规定	86
6.2	施工工序	87
6.3	施工要点	87
6.4	安全环保	89

7 防水与排水 90

7.1	一般规定	90
7.2	施工工序	91
7.3	施工防、排水	91
7.4	结构防、排水	92
7.5	安全环保	102

8 二次衬砌 103

8.1	一般规定	103
8.2	施工工序	104
8.3	施工要点	105
8.4	质量要求	111
8.5	安全环保	112

9 辅助坑道 113
9.1 一般规定 113
9.2 斜井 114
9.3 竖井 115
9.4 信号和通信 117
9.5 安全环保 117

10 不良地质和特殊岩土地段施工 119
10.1 一般规定 119
10.2 富水软弱破碎围岩 119
10.3 岩溶 119
10.4 突泥突水 120
10.5 岩爆 121
10.6 瓦斯 122

11 超前地质预报 124
11.1 一般规定 124
11.2 超前地质预报方法 127

12 监控量测 130
12.1 一般规定 130
12.2 工作程序 131
12.3 量测项目 131
12.4 量测要点 133
12.5 量测数据处理与应用 136

13 路面及附属设施工程 138
13.1 混凝土路面 138
13.2 沥青路面 143
13.3 设备洞、横通道及预留洞室 143
13.4 水沟、电缆沟 144
13.5 蓄水池 145
13.6 预埋件 145
13.7 安全环保 145
13.8 洞壁亮化工程 146

1 总则

1.1 目的及范围

1.1.1 为规范福建省高速公路隧道工程施工，克服质量通病，提高施工标准化管理水平，保证施工质量安全，结合全省高速公路隧道施工的实际情况，编制本指南。

1.1.2 本指南适用于钻爆法开挖为主的高速公路隧道，高速公路连接线的公路隧道可参照执行。

1.2 编制依据

1.2.1 国家、行业相关法律、法规、标准、规范、规程、指南及行业内成熟和先进的施工工艺、工法、技术及管理办法。

1.2.2 福建省颁布实施的有关施工管理的文件规定。

1.3 总体要求

1.3.1 隧道施工应建立安全管理体系，积极改善隧道施工条件，制定切实可行的通风、防尘、照明、防有害气体、防辐射等措施，确保施工安全和作业人员职业健康。

1.3.2 隧道施工应体现动态设计与动态施工。在施工准备和施工过程中应重视超前地质预报和监控量测工作，并根据预报及监控量测信息实施动态设计、动态施工。

1.3.3 隧道施工应加强信息化建设。逐步实现人员管理信息化，超前地质预报信息化，监控量测信息化，施工安全、质量、进度和投资管理信息化，风险管理信息化；逐步建立隧道施工信息化平台，提高隧道施工管理水平；相关施工信息化管理应满足"工程信息化管理"分册的要求，内容主要包括人员定位、安全步距监测、有害气体监测、围岩监控量测等。

1.3.4 隧道施工应遵循"工序均衡、初期支护强固、铺底先行、衬砌紧跟"的总体原则；

应加强超前地质预报、光面爆破、喷锚支护、监控量测、铺底施工、防排水施工、通风照明、衬砌质量、安全风险评估、防脱空预警管理等方面工作。隧道施工应执行"零开挖"进洞、"零塌方"管理、工后检测、二次衬砌台车准入等制度。

1.3.5 隧道施工过程中,应完整地收集原始数据、资料,做好施工记录,加强隐蔽工程质量控制和验收,确保工程质量。

1.3.6 隧道施工应推广成熟、先进的施工工艺和工法,各施工企业宜加大工程安全科技投入,宜加强有利于保障隧道工程安全质量的新技术、新材料、新设备、新工艺、BIM(建筑信息模型)技术等的研发和推广应用。

1.3.7 公路隧道施工除遵守本指南规定外,还应符合国家、行业及地方相关法律、法规、标准、规范、规程、指南的规定。

1.3.8 施工涉及的危险品,如氧气、乙炔、油料及剧毒、放射性物品等应单独建库房存储,库房建设及管理应符合"工地建设"分册的规定。

1.3.9 施工涉及的预防水土流失、污染防治等内容见"生态保护与恢复"分册。

2 施工准备

2.1 一般规定

2.1.1 隧道施工前应熟悉设计文件,领会设计意图,做好现场调查、图纸复核工作。

2.1.2 施工调查前应查阅设计文件和相关资料,制定调查提纲。调查结束后,根据调查情况编写书面施工调查报告。

2.1.3 施工调查应包括下列内容:
1 工程概况,包括工程环境、气候特征、工程地质、水文地质、工程规模和工程特点等。
2 工程施工条件,包括施工运输、水源、供电、通信、场地布置、弃渣场地、征地拆迁等情况。
3 隧道施工对地表和地下既有结构物的影响。
4 当地原材料及半成品的品种、质量、价格及供应能力等。
5 当地的交通运输状况,包括运能、运价、装卸费率等。
6 钻爆法施工所需爆破器材的供应情况及供货渠道等。
7 地方生活供应、医疗、卫生、防疫、民族风俗及居民点的社会治安情况等。
8 对当地生态、环境保护的一般规定和特殊要求;工程对环境可能造成的近、远期影响等。
9 当地可供利用的劳动力资源状况,包括工费、就业情况等。
10 施工的不利条件,包括临近水源区、断层破碎带、软弱夹层、煤系地层、高地应力、岩溶、高温等不良地质和特殊围岩。
11 瓦斯隧道应调查附近煤矿(如果有)历年瓦斯及煤尘燃烧、爆炸情况,生产过程中瓦斯浓度情况;还应调查本隧道附近正在建设的瓦斯隧道施工过程中是否发生过瓦斯煤尘燃烧或爆炸、煤层厚度、瓦斯浓度,运营的瓦斯隧道中瓦斯浓度情况。
12 绘制施工调查平面总图。

2.1.4 设计文件应核对下列内容:
1 标准、技术条件、设计原则等。
2 隧道的平面及纵断面。

3 隧道的勘测资料,如地形、地貌、工程地质、水文地质、钻探图表等。

4 设计文件相互之间的一致性、系统性,是否存在差、错、漏,尤其是要注意与机电相关工程的土建预留预埋的相互衔接。

5 隧道穿过不良地质地段的设计方案,隧道施工对环境及施工安全可能造成影响的预防措施。

6 洞口位置、洞门式样、洞口边坡与仰坡的稳定程度、衬砌类型、辅助坑道的类型和位置等,隧道口高位水池的设置合理性。

7 实施性施工组织设计。

8 洞内外排水系统和排水方式是否满足雨季强降水排水要求等。

9 隧道口混凝土路面、配电房、绿化工程等永临结合方案。

10 核对弃渣场的设计、位置、容量及环保是否能满足施工需要。

11 隧道洞口进洞方案调查,包括地形、地貌、地质、水文、场地及周边环境是否具备进洞施工条件。

12 隧道洞口排水系统与路基或桥梁桥头排水系统的衔接。

2.1.5 在施工调查和设计文件核对后,应将结果及存在的问题,以书面形式报送建设、设计、监理等相关单位。

2.1.6 隧道开工前,应合理安排隧道与邻近工程的施工顺序,避免后序工序施工影响结构安全和质量,减少互相干扰。

2.1.7 对于高风险隧道(软岩、大变形、岩溶、瓦斯等不良地质)开工前,施工单位应成立技术专家组。

2.1.8 隧道工程应实行首件工程验收制。

2.2 技术准备

2.2.1 施工测量:
1 隧道控制桩和水准基点的交接,应在建设单位主持下,由设计单位持交桩资料向施工单位逐桩、逐点现场交接确认,遗失的应补桩。

2 施工单位应根据合同图纸和有关勘测资料,对交付使用的隧道轴线桩、平面控制基点桩以及高程控制的水准基桩等,进行详细的测量检查和核对,并将测量成果报送监理工程师。

3 施工单位在放线中除公里桩、平曲线要素桩外,应设置必要加桩;在工程实施中隧道中桩最大间距直线上不得大于10m,曲线上不得大于5m,并明确标出路面和排水沟中心桩、辅助基准点以及其他为控制正确放线的水平和垂直标桩。

2.2.2 施工方案:

1 根据总体施工组织设计,由施工单位或项目负责人主持编制实施性施工组织设计,主要应包括下列内容:

1)编制依据:承建项目的合同、批准的设计文件、国家和行业现行的标准规范规程、环境保护及法律法规要求等。

2)编制原则:满足指导性施工组织设计的要求。技术经济方案必选最优。积极应用新技术、新工艺、新材料、新设备。因地制宜,就地取材。根据工程特点、工期要求,合理安全施工工序流程及衔接。强化机械化施工能力,加快工程进度,确保工程质量,符合国家关于工程质量、安全生产、职业健康、土地管理及环境保护的法律、法规规定。

3)工程概况、工程特点、重点和难点的项目。

4)重点、难点工程的施工技术方案设计:施工方法及工艺、关键工序的作业实施细则、监控量测、地质预报、施工通风,以及供水、供电设计等。

5)施工总平面布置:生产生活区及设施、施工便道、弃渣场地,临时供电、供水、供风、通信等工程。

6)工期安排:总进度、施工形象进度、施工网络图等。

7)施工单位组织机构及资源配置:组织机构、机械设备配置、工区划分及管理、劳动力配置、材料供应、资金使用计划等。

8)施工保证措施:质量目标、创优规划及保证措施、施工生产安全目标及保证措施、职业健康及医疗保证措施、工期目标及保证措施、成本目标和保证措施、环境保护措施等。

9)超前地质预报、监控量测、施工作业面、施工过程、有害气体、原材料、半成品、产成品监控信息的收集、流转和处置。

10)附图及各种表格。

11)安全管理和安全保证体系的组织机构,包括项目经理、专职安全管理人员、特种作业人员配备的数量及安全资格培训持证上岗情况。

12)施工安全生产责任制、安全管理规章制度、安全操作规程。

13)安全防护用具的配备。

14)施工现场临时用电方案的安全技术措施和电气防火措施。

15)针对重点部位和重点环节,应制定的工程项目危险源监控措施和应急预案。

16)施工人员安全教育计划、安全交底安排。

17)安全技术措施费用的使用计划。

2 实施性施工组织设计应报监理工程师批准后实施;实施过程中应实行动态管理,根据客观条件及生产资源配置情况及时调整施工组织设计,并报监理工程师批准。

3 对于长大隧道、地质或水文地质条件复杂、结构受力以及施工环境复杂的隧道,施工单位应按本指南第2.2.3条的要求开展隧道施工安全风险评估工作,根据评定的安全风险等级制定专项施工方案及各项应急救援预案,必要时组织相关专家进行论证。

2.2.3 施工安全风险评估：

1 施工阶段应依据《公路桥梁和隧道工程施工安全风险评估指南(试行)》(交质监发〔2011〕217号)、《公路水运工程施工安全风险评估指南 第1部分:总体要求》(JT/T 1375.1—2022)等文件要求,严格开展施工安全总体风险评估和施工安全专项风险评估工作。

2 施工阶段风险评估与控制,应综合基础资料、设计文件、周边环境和安全要求等因素,遵循安全第一、预防为主的原则,采取有效的技术和安全控制措施。编制的《施工安全总体风险评估报告》和《施工安全专项风险评估报告》应结合隧道工程难点、特点、重点实际,有效指导施工和安全管控。不具备编制资质和能力的施工单位,可委托具有资质和经验的专业单位编制,并组织专家评审。

3 符合下列条件的隧道工程在施工阶段应开展风险评估与控制工作:

1) 小净距、连拱、洞口隧道群、偏压浅埋、大断面、变化断面、地下立交等结构受力复杂的隧道；

2) 穿越高地应力区、活动断裂、煤系地层、采空区、岩溶区等工程与水文地质条件复杂的隧道；

3) 全隧以Ⅳ级及其以上围岩为主、周边环境复杂的特殊隧道；

4) 长度大于3000m的隧道；

5) 设计阶段未进行风险评估或风险等级发生重大变化,在施工安全总体风险或施工安全专项风险评估为Ⅳ级(极高风险)风险等级时,应优化设计文件,补充设计风险评估,并采取有效工程措施以降低风险等级,确保隧道施工安全；

6) 对极高风险等级以及复杂技术、复杂周边环境隧道,设计单位应编制专项风险评估报告；

7) 隧址范围为自然资源保护区、文物保护区、水源保护区、风景名胜区以及地表居民生产生活、地表各类建(构)筑物等环境敏感区域的隧道。

4 隧道工程施工安全风险评估工作包括制定评估计划、选择评估方法、开展风险分析、进行风险估测、确定风险等级、提出措施建议、编制评估报告等方面。

5 监理工程师在审查工程施工组织设计文件、危险性较大工程专项施工方案、应急预案时,应同时审查施工安全风险评估报告；无风险评估报告,不得签发开工令。

工程开工后,监理工程师应督查施工单位安全风险控制措施的落实情况,并予以记录。对施工中存在的重大隐患应及时指出并督促整改,对施工单位拒不整改的,应及时向建设单位及公路工程安全生产监督管理部门报告。

6 风险评估报告经监理工程师审核后应向建设单位报备。建设单位应对极高风险(Ⅳ级)的施工作业,组织专家或安全评估机构进行论证或复评估,提出降低风险的措施建议；当风险无法降低时,应及时调整设计、施工方案,并向公路工程安全生产监督管理部门备案。

7 各级交通运输主管部门在履行施工安全监督检查职责时,应将施工安全风险评估实施情况纳入检查范围。对极高风险(Ⅳ级)的施工作业应切实加强重点督查。

8 隧道工程施工安全风险评估应遵循动态管理的原则,当工程设计方案、施工方案、工程地质、水文地质、施工队伍等发生重大变化时,应重新进行风险评估。

9 施工安全风险评估工作费用在项目安全生产费用中列支。

10 隧道工程施工安全风险评估工作原则上由施工单位具体负责。当被评估项目含多个合同段时,总体风险评估应由建设单位牵头组织,专项风险评估工作仍由合同施工单位具体实施。当施工单位的施工经验或能力不足时,可委托行业内安全评估机构承担相关风险评估工作。评估工作负责人应当具有5年以上的工程管理经验,并有参与类似工程施工的经历。

11 隧道工程建设各方(包括建设单位、勘测设计单位、施工单位、监理工程师、监测单位等)应主动、及时、动态地进行风险管理,通过风险计划、风险识别、风险估计、风险评价、风险处理和风险监测,优化组合各种风险管理技术,确保风险评估全面、可靠,风险处理合理、有效,风险监测准确,反馈及时。

12 风险评估工作应形成评估报告。评估报告应反映风险评估过程的主要工作。报告内容应包括评估依据、工程概况、评估方法、评估步骤、评估内容、评估结论及对策建议等。评估结论应当明确风险等级、可能发生事故的关键部位、区域或节点、事故可能性等级、规避或者降低风险的建议措施等内容。

13 总体或专项风险评估风险等级为Ⅲ级及其以上的应编制专项施工方案。

2.2.4 危险性较大工程专项施工方案:

1 对不良地质隧道、瓦斯隧道、水底海底隧道、改扩建等危险性较大的工程应当编制专项施工方案,并附安全验算结果,经施工单位技术负责人审核签字并加盖施工单位公章,总监理工程审查同意后签字并加盖职业印章后实施,由专职安全生产管理人员进行现场监督。超过一定规模的危险性较大工程需由施工单位组织专家论证,实行施工总承包的,应由施工总承包单位组织专家论证。

2 专项施工方案编制应当包括下列内容:

1)工程概况:危险性较大的分部分项工程概况、施工平面布置、施工要求和技术保证条件。

2)编制依据:相关法律、法规、规范性文件、标准、规范及图纸(国标图集)、施工安全风险评估报告、施工组织设计等。

3)施工计划:包括施工进度计划、材料与设备计划。

4)施工工艺技术:技术参数、工艺流程、施工方法、检查验收等。

5)施工安全保证措施:组织保障、技术措施、应急预案、监测监控等。

6)劳动力计划:专职安全生产管理人员、特种作业人员等。

7)计算书及相关图纸。

3 专家应符合专业要求且人数不得少于5名,与本工程有利害关系的人员不得以专家身份参加专家论证会。专家应当具备下列基本条件:

1)诚实守信、作风正派、学术严谨;

2）从事专业工作15年以上或具有丰富的专业经验；

3）具有高级专业技术职称。

4 专项施工方案经论证后，专家组应当提交论证意见，对论证的内容提出明确的意见，并在论证意见上签字。该报告作为专项施工方案修改完善的指导意见。专家论证的主要内容包括但不限于：

1）专项施工方案内容是否完整、可行；

2）专项施工方案计算书和验算依据是否符合有关标准规范的规定；

3）安全施工的基本条件是否满足现场实际情况，并能够确保施工安全。

5 施工单位应当根据论证意见修改完善专项施工方案，并经施工单位技术负责人、总监理工程师签字后，方可组织实施。实行施工总承包的，应当由施工总承包单位、相关专业承包单位技术负责人签字。

6 施工单位应当严格按照专项施工方案组织施工，不得擅自修改、调整专项施工方案。如确应做重大修改的，施工单位应当按照论证报告修改，并重新组织专家进行论证。

7 建设单位应请第三方监测单位对重大风险源开展监测工作。

2.2.5 技术交底：

1 施工技术交底应分级进行，项目技术负责人对各部门负责人及全体技术人员进行交底。项目技术部门负责人或各分部分项工程主管工程师向现场技术人员和班组长进行交底。现场技术员负责向班组全体作业人员进行技术交底。

2 施工技术交底应符合下列要求：

1）技术交底要细致全面，讲求实效，不能流于形式，要交到基层施工班组。

2）施工技术交底后应形成技术交底纪要，并附必要的图表。参加技术交底人员应签字确认，并加盖项目部公章后生效。

3）施工技术交底纪要应累计留存编号，装订成册，工程竣工时纳入工程档案。

4）施工技术交底应按三级进行，第一级交底内容主要为施工组织设计、风险评估、专项施工方案、危险性较大工程施工方案等。第二级交底主要内容包括分部分项工程施工方案等。第三级交底主要内容为分部分项工程的施工工序等。技术交底应严格执行合同要求，不得任意修改、删减或降低工程标准。

5）一线作业工人技术交底和安全交底应尽量简洁明了、具有可操作性。项目技术主管部门应及时对技术交底内容及执行情况进行检查。

3 施工交底时应核查洞口排水系统的完整性，如出水口是否存在顺坡面漫流，洞顶截水沟是否与路基边沟、涵洞顺接，跌水井是否合适等。

4 施工交底时应明确动火作业审批程序。

2.3 施工场地

2.3.1 施工场地规划、驻地建设、拌和站和工地试验室建设除应符合"工地建设"分册

的要求外,还应符合下列要求:

1 隧道临建场地布置一般应符合表 2.3.1 的要求。

表 2.3.1 隧道临建场地布置一般要求

序号	名称		布置要求
1	隧道临建	总体布置	隧道临建场地上的房屋不得侵入行车道,方向尽量与线路方向平行或垂直
2		隧道临建场地处理	混凝土强度等级不低于 C20,硬化厚度不小于 20cm,确保施工期间不翻浆、冒泥
3		空压机房及配电房	空压机的数量根据施工需要确定,摆放间距 1.0~1.2m,采用半开放式房屋,顶部设弧形雨棚
4		隧道临建材料库房及试验室	隧道临建如需设置材料库房、试验室,尽量靠近钢材存放、加工房和混凝土运输路线旁,便于及时抽检材料和取样
5		钢材存放及加工房	钢材存放与加工房共同设置一处,采用半开放式房屋,其长、高、宽满足施工及钢材存放需要,顶部设雨棚
6		现场会议室	隧道洞口离项目部较远时应在施工现场设会议室
7		洞口值班室	洞口值班室设在隧道洞口,采用彩钢板房或砖混结构,面积不小于 $4m^2$
8		应急物资储备库	设置在隧道洞口,采用彩钢板房或砖混结构,设置物架,应急物资设品名标牌,面积不小于 $20m^2$
9		洞口宣传	进洞须知、施工环保水土保持体系、公司简介(施工单位)、政务公开、重大危险源公示、施工现场标牌等内容可根据需要独立或连排设置,若连排设置,其长度和高度需结合现场条件,美观大方。洞顶及洞口间宣传设施视情况设置

2 人员驻地选址应设置于不受洪水、潮水或内涝威胁的稳定地层上;当不可避免时,应具有可靠的防风、防水、防塌措施。有泥石流、滑坡、流沙、溶洞等直接危害的地段以及存在坝或堤决溃后可能淹没的区域不得作为驻地选址。办公房屋及生活区现场如图 2.3.1-1 所示。施工场地布置应编制专项规划方案,上报监理工程师和建设单位批复后实施,建成后应通过监理工程师组织的专项验收;必要时,可增加驻地安全风险评估。

图 2.3.1-1 办公房屋及生活区现场照片

3 施工现场标牌应符合下列要求：

1）工程简介牌：对工程的主要构造、地质情况、施工方案、分阶段的工期计划等作一简要介绍，如图2.3.1-2所示。

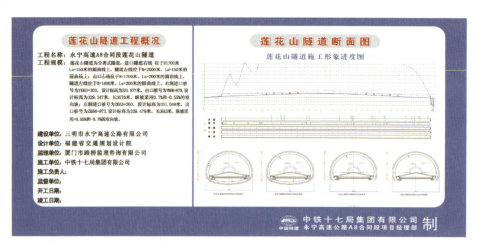

图2.3.1-2 工程简介牌示意图

2）安全质量保证牌：明确对该项工程的安全质量保证措施，如图2.3.1-3所示。

图2.3.1-3 安全质量保证牌示意图

3）施工总平面布置图：对施工现场的布置采用图示方式表达，注明位置、面积、功能。

4）创优规划标识牌：主要明确该工程的创优目标及创优措施。

5）安全生产操作规程牌：主要明确施工各工序的安全生产操作规程。

6）廉政监督牌：主要明确施工廉政制度、廉政领导小组、廉政监督小组和廉政监督电话等。

7）工程质量责任人标识牌：明确建设单位、设计单位、监理单位、承包人的负责人及承包人的项目总工、质检工程师、单位工程负责人、质检员、现场监理人、监理员、现场环保责任人，施工风险告示牌，农民工工资监督牌。

8）施工进度牌：主要反映隧道掘进、初期支护、铺底、二次衬砌施工进度。

9）施工动态牌：主要反映当前隧道内掘进、初期支护、铺底、二次衬砌施工状态。

10）进洞人员动态显示：进洞作业人员应配备录有本人信息的定位芯片，进出洞时洞口显示屏自动显示洞内人员情况。洞口人员动态显示屏如图2.3.1-4所示。

图 2.3.1-4　洞口人员动态显示屏

11）领导带班公示牌：明确标示每日带班领导姓名及电话、带班时间、带班范围、带班要求等。

12）隧道围岩动态监控量测信息牌：当日围岩检测拱顶沉降、水平收敛数值及速率；累计本里程变化数据；监控量测点位布置图；后续施工指导建议。

4　隧道洞口宜设置"班前讲评台"。

5　在隧道洞口设置面积不宜小于 $15m^2$ 的洞口值班室两间（一间为进洞前的检查，另一间为存放进洞人员衣物物品、应急器材等），可采用彩钢板房或砖混结构。

6　隧道设型钢加工厂，厂内配置型钢冷弯机、液压联合冲剪机、小导管冲孔机、小导管尖头成型机、网片焊接机、数控调直切断机等自动化加工设备。主要加工钢筋网片、钢拱架、锚杆等主体构件。场地规划按照三区分离，设原材存放区、加工区、半成品仓储区。采用半开放式房屋，其长、高、宽满足施工及钢材存放需要，顶部设雨棚。

7　建立进洞人员登记制度。施工单位应积极采用先进的隧道施工人员考勤定位和视频监控等系统。

2.3.2　生产场、房可采用活动板房或装配式房屋，应搭设稳固，室内外地面应采用混凝土进行硬化。

2.3.3　承包人应做好工地生活区环境卫生工作，对生活垃圾和污水进行环保处理，保证周围环境整洁卫生。

2.3.4　现场机械设备布置有序，应在机械设备的醒目位置悬挂安全操作规程。

2.3.5　隧道进口处应设置值班室或调度指挥中心，并设专人值班负责，严格执行人员进洞登记制度。施工单位应采用先进的隧道施工人员考勤定位和视频监控等系统；在隧道洞口靠近值班室一侧应设置门禁系统和入场人员专用通道；隧道洞口应在洞口醒目位置设置禁止、指令标志。隧道进口调度指挥中心和门禁系统分别如图 2.3.5-1 和图 2.3.5-2所示。

图 2.3.5-1 隧道进口调度指挥中心

图 2.3.5-2 隧道进口门禁系统

2.3.6 隧道用混凝土原则上由集中拌和站统一供应，如受施工条件影响，经业主验收批准，可在隧道洞口建设专门用于隧道施工的拌和站，但应采用具有两仓自动计量的搅拌设备，并配备散装水泥罐、采用散装水泥拌和施工。

2.3.7 施工场地布置应编制专项规划方案，报监理工程师和建设单位批复后实施，建成后应通过监理工程师组织的专项验收。

2.4 施工人员和材料采备

2.4.1 施工人员：

1 应根据工程规模、工期和技术难度配备相应的工人、管理、技术、测量、试验、环保、专职质量检查和安全管理人员。应加大测量人员投入，加强测量放样人员培训，强化测量放样工作对现场施工的实际指导作用，确保隧道开挖周界、二次衬砌厚度及隧道轴线等满足设计要求。

2 隧道施工的钻爆、运输、支护、模筑衬砌等作业均应安排专业化队伍进行，宜由施工单位组织专业架子队进行施工作业。施工前应根据施工进度计划、施工技术水平等制定详细的劳动力计划，及时组织进场，以满足施工需要。

3 从事隧道施工的各类特殊岗位人员均应持证上岗。施工单位应加强现场作业人员（包括劳务人员）安全、职业健康等教育培训和考核工作。应对管理人员和作业人员每年进行不少于两次、不低于50学时的安全生产教育培训，其教育培训情况记入个人工作档案。新进人员和作业人员进入新的施工现场或者转入新的岗位前，施工单位应对其进行安全生产培训考核。未经安全生产教育培训考核或者培训考核不合格的人员，不得上岗作业。

4 施工单位应向作业人员提供必需的安全防护用具（如安全帽、安全带、口罩、耳塞、防护眼镜等）和安全防护服装（图2.4.1）。

图2.4.1 安全防护用具和安全防护服装

5 优化分包安全管理手段。宜由施工总承包单位建立分包单位"红名单""黑名单"，加强对进场施工分包单位和从业人员的资质资格审核，杜绝无资质队伍和无上岗能力的人员进场施工。将专业分包单位和劳务分包队伍纳入总承包单位安全生产管理体系统一管理，严格执行施工人员实名制管理。分包单位应严格落实施工专业技术人员配备标准。对于特长隧道、特大断面隧道以及地质条件复杂隧道工程，总承包单位应采取更加严格措施强化分包单位选择和现场作业管理。

6 施工班组管理应符合交通运输部《公路水运工程施工班组建设与规范化管理指南》的管理规定，严禁包工包料的"包工队"。新开工项目施工单位应向项目业主报备隧道施工劳务班组，并应取得项目业主审查认可。施工单位加强对劳务队伍的登记备案和考核管理工作，对信誉履约差、安全质量问题突出的单位，应及时上报项目业主并列入信誉不良队伍。

7 推进核心技术工人队伍建设。施工企业宜通过培育自有建筑工人、吸纳高技能技术工人和职业院校毕业生等方式，建立相对稳定的核心技术工人队伍。宜由发包人在同等条件下优先选择自有工人占比大的施工企业。建立健全工人终身职业技能培训和考核评价体系，建立企业间培训教育互认平台，避免重复无效培训，增强工人接受安全培训教育的积极性。

8 作业人员应进行体检后方可上岗作业，杜绝患有心脑血管疾病或其余基础疾病的人员上岗作业，防止因基础疾病产生劳务纠纷。

2.4.2 材料采备：

1 隧道施工前应根据施工进度需要，制定各类材料采购计划，并做好采备工作。

2 材料采购应严格按《福建省高速公路工程材料采购与供应管理办法》的规定执行，不得选用《福建省高速公路建设项目限制目录》内的厂家。

3 二次衬砌混凝土和喷射混凝土应采用旋窑水泥。用于隧道主体工程的碎石不得采用颚式破碎机制备的碎石。隧道初期支护喷射混凝土所用"瓜子片"碎石应采用小型锤击式破碎机单独破碎。

4 材料进场前严格按照相关规定要求进行检查验收和取样送检，检验合格经监理工程师认可后方可进场；杜绝不合格材料进入现场。

5 按照应急救援预案配备相应的救援设备和材料。

6 山区隧道施工可采用机制砂。

2.5 施工机械

2.5.1 一般要求：

1 隧道施工应优先选用绿色、低碳、环保、智能、自动的施工机械，应遵循"性能先进、配套合理、注重工效"的原则进行配置，宜使用多臂凿岩台车、湿喷机械手、拱架安装台车、带模注浆台车、养护台车、油转电等实用、高效、先进、环保的机械设备。

2 隧道施工机械的生产能力应与施工方法、工期相适应，并留有一定富余量（富余系数一般不小于1.2）。

3 隧道实施性施工组织设计中应进行施工机械配置方案设计，并根据进场计划和施工进度要求及时进场。

4 隧道施工机械的使用、管理、维护应严格执行有关规定，保证机械使用安全、可靠。

2.5.2 开挖机械：

1 隧道开挖宜采用隧道凿岩台车，如采用人工钻孔平台，应经监理批准。对于单向掘进超过2.5km的长大隧道应采用隧道凿岩台车（图2.5.2-1）进行施工。

a) 多臂凿岩台车

b) 双曲臂凿岩台车

图2.5.2-1 凿岩台车

2 对不宜爆破开挖的软弱围岩,宜采用铣挖机(图2.5.2-2)配合装载机进行隧道开挖施工。

图 2.5.2-2　铣挖机

3 竖井宜采用反井钻机施工。

2.5.3 装、运渣机械：

1 采用汽车运输方式时,装渣宜采用不小于 $2m^3$ 的装载机(图2.5.3-1)或 $150\sim250m^3/h$ 的大型挖装机(图2.5.3-2);扒渣采用挖掘机。自卸汽车额定载重量宜大于15t。斜井及平行导坑断面较小时,装运设备的选型应与辅助坑道断面相适应。

图 2.5.3-1　装载机　　　　　　　　图 2.5.3-2　挖装机

2 采用轨道运输方式时,装渣可采用 $150\sim250m^3/h$ 的大型挖装机或扒渣机,牵引应采用电瓶车,运渣宜采用容量不小于 $16m^3$ 的梭式矿车或容量不小于 $6m^3$ 的侧卸式矿车。

2.5.4 支护机械：

1 隧道应采用湿喷机械手进行喷射混凝土施工(图2.5.4-1)。

2 拱部锚杆施作应选用合适的凿岩设备进行施工,以保证拱部锚杆的施作质量。锚杆台车如图2.5.4-2所示。

图 2.5.4-1　湿喷机械手

3　隧道初期支护应采用专用的支护台架,拱架安装宜采用拱架安装台车(图 2.5.4-3)。

图 2.5.4-2　锚杆台车　　　　　　　　图 2.5.4-3　拱架安装台车

4　隧道仰拱施工过程中应采用仰拱栈桥跨越,宜配备自行式整体栈桥。自行式液压仰拱栈桥如图 2.5.4-4 所示。

5　超前预注浆应采用机械钻孔。根据注浆工艺和质量要求配备注浆泵,其注浆压力不小于设计值,并保证连续注浆。

6　超前管棚应采用潜孔钻机,宜采用履带式潜孔钻机(图 2.5.4-5)。

图 2.5.4-4　自行式液压仰拱栈桥　　　　图 2.5.4-5　履带式潜孔钻机

2.5.5 二次衬砌施工装备：

1 一般要求：二次衬砌台车宜选用新型全断面衬砌模板台车，如电缆沟强电侧沟墙一体全断面衬砌模板台车，加宽段可选择可折叠式新型全断面衬砌模板台车。

2 二次衬砌模板台车：

1）二次衬砌施工（含加宽段）应采用全液压自动布料的整体衬砌台车（图2.5.5-1）。衬砌台车结构尺寸准确，各种伸缩构件、液压系统、电气控制系统运行良好，合理设置各支承机构；应满足自动行走要求，并有闭锁装置，保证定位准确。

2）二次衬砌台车应在隧道进洞前进场，连拱隧道、小净距隧道一端应有两部二次衬砌台车，以确保左右线开挖面与二次衬砌的合理步距，确保结构安全。对加宽段处在Ⅳ、Ⅴ级围岩段落的，应专门配备加宽段整体衬砌台车，以确保加宽段二次衬砌及时施作。

3）台车整体模板板块由面板、支撑骨架、铰接接头、作业窗等组成，当衬砌断面较大、所承受荷载较大时，支撑骨架应制成桁架结构，并尽量减少板块接缝数量。模板及支架应具有足够的强度、刚度、稳定性，能安全地承受所浇筑混凝土的重力、侧压力以及在施工中可能产生的各项荷载。模板不凹凸、支架不偏移、不扭曲，满足多次重复使用不变形。台车设计应便于整体移动、准确就位。

4）台车模板支撑桁架门下净空应满足隧道衬砌前方施工所需大型设备通行要求；桁架各层平台的高度要满足混凝土施工要求，利于工人进行安管、混凝土捣固等施工作业，应要有上下行的爬梯。台车爬梯如图2.5.5-2所示。

图2.5.5-1 全液压自动布料整体二次衬砌台车

图2.5.5-2 台车爬梯示例图

5）为保证衬砌净空，模板外径应考虑变形量适当扩大，作为预留沉降量。

6）两车道二次衬砌台车面板钢板厚应不小于10mm；三车道隧道二次衬砌台车面板钢板厚应不小于12mm；四车道的二次衬砌台车应经过计算，审查论证后定制。为减少二次衬砌模板间痕迹，外弧模板每块钢板宽度宜采用2m，但不应小于1.5m，板间接缝按齿口搭接或焊接打磨。

7）为确保二次衬砌台车的刚度和强度，两车道台车每延米质量应不低于6.8t，三车道台车每延米质量应不低于8.5t。

8）应在环向3m、5.3m、拱顶处设置作业窗，作业窗口与端头模板距离不大于1.8m，间距纵向不宜大于2.5m，横向不宜大于2.0m，窗口尺寸50cm×50cm，且应整齐划一；作业窗周边应加强,防止周边变形,窗门应平整、严密、不漏浆。

9)二次衬砌台车的长度应根据隧道的平面曲线半径、纵坡合理选择,长度一般为10～12m,对曲线半径小于1200m的台车长度不应大于9m。

10)衬砌台车应工厂制造、现场拼装。现场拼装时应检查其中线、断面和净空尺寸等;衬砌前对模板表面进行彻底打磨,清除锈斑,涂油防锈;对模板板块拼缝采用焊联并将焊缝打磨平整,或者使用环氧树脂进行填充打磨,台车背面板缝应每隔1～1.5m用短钢筋进行焊接,抑制使用过程中模板翘曲变形而影响混凝土表面质量,避免板块间拼缝处错台。

11)对于已使用过的二次衬砌台车,应对其各种伸缩构件、液压系统、电气控制系统运行状况进行严格的调试,确保使用状态良好,否则应予更换。应更换新的外弧模板,并经专业模板厂家整修合格。

12)矮边墙、电缆沟槽内壁宜与二次衬砌同时浇筑,以提高二次衬砌整体质量。整体浇筑时二次衬砌台车应下挂设可收放的矮边墙钢模板(图2.5.5-3)。

13)带模注浆台车使用要求:

(1)按照台车长度设计注浆孔数量,9～12m台车不少于4个注浆孔。如果衬砌中有钢筋网时可适当增加注浆孔数量。同时必须配备具有预警功能的二次衬砌拱顶防脱空装置(图2.5.5-4),以有效预防二次衬砌空洞及厚度不足的问题。

 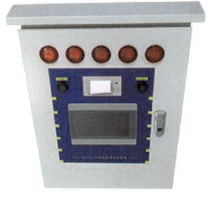

图2.5.5-3 矮边墙模板示例图　　图2.5.5-4 二次衬砌拱顶防脱空装置

(2)带模注浆台车注浆孔直径一般选用40mm,开孔处焊接固定法兰,固定法兰采用四周满焊方式,防止漏浆或注浆时法兰脱落。固定法兰连接螺栓在模板外侧,法兰厚度为1cm。

(3)注浆过程中,观察台车压力表和端模出浆情况。如果端头模圆弧最高点漏浆,应先停止注浆泵,并及时对漏浆处进行封堵,然后继续注浆,直至端头出浆浆体密度与制浆机中一致。更换至下一个注浆孔,依次类推。注浆时,如果台车处压力表超过1MPa,转至下一注浆孔。每一个注浆孔均需注浆,但在注浆过程中进行其他孔注浆时,未注浆的注浆孔流出相同密度的浆体时,该孔可以封闭,不进行注浆。

(4)施工过程中应检查RPC注浆管的可灌性,是否能注入结合料。对堵塞未能注入微膨胀注浆料的注浆孔应予以记录。

（5）施工后应对二次衬砌质量进行无损检测（当对衬砌厚度或脱空检测结果有怀疑时，可采用局部钻芯破损的方法进行复核，复核结束后对破损部位进行及时修复），检验结果应满足设计要求。

3 拼装调试：

1）二次衬砌台车现场拼装完成后，应在轨道上往返行走 3~5 次后，再次紧固螺栓，并对部分连接部位加强焊接以提高其整体性。

2）检查台车模板尺寸要求准确，其两端的结构尺寸相对偏差不宜大于 3mm，否则需进行整修。衬砌施工前对钢模板表面采用抛光机进行彻底打磨，清除锈斑，涂油防锈。台车模板整修如图 2.5.5-5 所示。

图 2.5.5-5 台车模板整修示例图

3）挡头模板应采用符合刚度要求的钢模板，厚度应适当加厚，安装稳固、严密。严禁采用木条模板。

4）施工过程中出现二次衬砌错台时，应暂停二次衬砌施工，全面查找原因，重点查找台车就位加固措施是否有效、混凝土输送管是否固定、挡头模板或两边模板是否变形等，应及时整修加固并经监理工程师同意后方可继续进行二次衬砌施工。

5）加宽段二次衬砌施工前，应对台车进行全面校验。

4 审批验收：二次衬砌模板台车实行准入制。台车的审批验收共分为两阶段，由监理工程师组织成立专门的审批验收小组，对每座隧道的隧道二次衬砌台车进行审批验收。

第一阶段（二次衬砌台车进场前报批）：施工单位进场后，应立即着手进行二次衬砌台车进场前的准备工作，进场前两个月内向监理工程师上报拟进场二次衬砌台车的数量、台车长度、外观几何尺寸、新旧程度、面板厚度及每块板的宽度，每台台车质量等主要台车参数，经监理工程师批准许可后方可组织进场。

第二阶段（二次衬砌台车验收）：二次衬砌台车进场后，由施工单位填写验收表，并报监理工程师；监理工程师应在 7 个工作日内依据批复的二次衬砌台车进场许可，对施工单位进场的二次衬砌台车进行验收；验收合格后，施工单位进行二次衬砌台车的拼装调试；调试成功后，报监理工程师组织验收；若验收发现问题施工单位应及时整改，待整改并验收合格后才能移入洞内进行二次衬砌施工。衬砌台车有关要求见表 2.5.5。

表 2.5.5 衬砌台车推荐指标

内容	要求
衬砌台车长度	一般为 10~12m；小于 1200m 半径隧道，二次衬砌台车长度不大于 9m
模板外观尺寸	满足设计要求
两端的结构尺寸相对偏差	不大于 3mm
模板面板厚度	两车道不小于 10mm，三车道不小于 12mm
每块模板宽度	不小于 1.5m，推荐为 2m
每延米台车质量（含矮边墙模板）	两车道不小于 6.8t，三车道不小于 8.5t
行走机构	行动自如、制动良好；带有液压推杆制动器
台车架、液压、支撑系统	具有足够的刚度和强度；液压缸采用液压锁锁定，同时采用支承丝杠进行机械锁定
工作窗口	布局合理，封闭平整

5 二次衬砌养护台车：

1）衬砌混凝土拆模后，喷淋养护台车在人工操作下，行走至循环段衬砌，打开水泵阀门，通过水压力促使水流在喷淋养护台车上各环向及纵向水管上的喷淋头旋转喷至混凝土表面，保持混凝土表面湿润。

2）在养护台车上安设安全警示标牌，做好安全防护措施，二次衬砌养护台车作业时应做好限位装置，避免作业时溜滑。

2.5.6 辅助施工机械：

1 通风机应配置高效节能低噪型风机，通风管宜选用高频热塑焊接工艺加工的高强、低阻、阻燃的大直径风管。隧道独头掘进长度大于 2000m 时，宜采用直径 2000mm 的通风管；长度小于 2000m 时，宜采用直径 1500mm 的通风管，或者通过通风专业设计确定。隧道掘进 50m 后应进行供风，满足洞内通风要求；排风式通风管吸风口距开挖面不大于 5m，掌子面风压不小于 0.5MPa；隧道洞内应进行有害气体实时检测，洞内有害空气超标时可实时预警。通风管口设置风压自动检测装置，风压不足时，应及时检查、维修或更换通风设备，确保足够供风量。

2 应配置自动环境监测设备，对粉尘、有害气体、辐射及瓦斯（如有）等开展监测。全自动铺挂防水板台车如图 2.5.6-1 所示。

图 2.5.6-1 全自动铺挂防水板台车

3 机械排水设备性能应满足设计涌水量相适应的需求,且富余量不小于20%。应配有满足需要的应急电源。
　　4 隧道防水层铺设作业应配置防水层铺挂台车(图2.5.6-2)。防水板焊接应配置可调温调速的自动爬行焊接机以及用于局部处理的热塑焊机。

图2.5.6-2　全自动铺挂防水板台车

2.6　智能建造

2.6.1　隧道自动化、智能化施工装备:宜采用隧道智能化施工装备,如装备有全电脑的三臂凿岩台车、机械化炸药混装台车、智能拱架安装台车、智能湿喷台车、远程控制指挥车、弧形梁自动生产线以及系列电动出渣装备等,全面涵盖隧道掌子面开挖作业、出渣作业、初期支护作业和支护构件加工生产,提升隧道主要作业环节的自动化、智能化施工水平,提高隧道掘进、支护、出渣作业效率,有效减少隧道掌子面及洞内作业人员数量,实现隧道安全、高效、高质施工,实现隧道自动化、智能化、无人化施工。

2.6.2　隧道智能建造管理系统:宜运用智慧隧道AI(人工智能)建造管理系统,实现隧道作业人员、施工设备、作业工序以及作业环境、资源等信息的采集与高效匹配,实现隧道信息化、数字化、自动化施工,将隧道建造由以人为主导的经验决策逐步迈向AI智能决策。

　　宜应用光面爆破辅助智能、自动设计软件,根据隧道实际围岩地质情况、隧道轮廓尺寸、循环进尺长度、炸药使用量等条件进行隧道光面爆破方案的自动、智能设计,生成的炮孔布置图、炮孔装药结构图与起爆网络图可辅助现场技术员进行光面爆破施工管理,帮助现场及时针对变化的隧道围岩情况调整、优化光面爆破方案,提高光爆质量。

2.6.3　隧道掌子面围岩智能判别:借助MWD(三臂凿岩台车随钻测量数据)系统采集的钻进参数,同时利用已有围岩智能分级系统,实现对隧道掌子面围岩的智能判别与分级,为隧道动态支护设计与安全施工提供决策依据和数据支撑。

2.6.4 隧道施工机械"油转电":隧道施工装备宜采用电动装载机(图2.6.4)、电动挖掘机和电动卡车等"纯电新能源"电动车辆、机械设备,改善隧道洞内空气质量,提高出渣工序作业效率,提升隧道文明施工水平,节约隧道施工能耗成本。

图 2.6.4　隧道电动装载机

2.7　风、水、电供应

2.7.1　施工供风:

1　空压机站应在洞口旁边选址修建,并设置防水、降温和防雷击等设施,距离居民区较近时应有防噪声、防振动措施。

2　空压机站供风能力应满足隧道正常施工需要,供风管路布置应合理安全;尽量避免压力损失。

3　空压机电源应从主配电室分别接线,以免相互干扰。

4　施工过程中,工作面使用风压不应小于0.5MPa。

5　施工用水利用洞内围岩裂隙水时,需做三级沉淀处理,以满足施工需要。

6　隧道洞内用电设备宜采用航空插头。

7　施工期间"三管两线"应架设、安装顺直、整齐,各类管线应接头紧密,无扭曲、褶皱、漏风,悬挂牢固,破损及时修复。

8　供风管道应设置油水分离装置,施工过程中,每隔一段时间应清理供风管道,防止堵塞。

2.7.2　施工供水:

1　承包人在实施和维修本工程期间,应确保施工和生活用水设施的提供、安装和保养满足施工及生活需要,并保证施工用水要求和按国家规定的生活饮用水标准持续不断地供水。

2　寻找水源,并按施工需要的供水压力(水压不小于0.3MPa)合理选址修建施工高位水池。施工高位水池宜考虑利用隧道消防用永久高位水池。高位水池实施过程中,应尽量减小对原始植被的破坏。

3 对于修建高位水池困难的隧道,宜采用变频高压供水装置满足施工需要。

4 供水管道前端至开挖面一般不超过20m。

2.7.3 隧道施工临时供电的施工组织设计、建设及维护除应符合"工地建设"分册的要求外,还应符合下列要求:

1 施工供电要考虑永临结合,对于短隧道应采用高压至洞口,再低压进洞;长隧道及特长隧道应考虑高、中压进洞,以满足施工需要。施工过程应保证用电的可靠性,应配有备用发电系统,以满足停电等应急情况下的施工用电。

2 隧道施工供电应采用三相五线供电系统;动力设备应采用三相380V;照明电压一般作业地段不宜大于36V,要求开挖台架、二次衬砌台车应配备低压变压器,确保用电安全,施工台架的低压安全变压器如图2.7.3-1所示;成洞段和不作业地段可采用220V,瓦斯地段不得超过110V,手提作业灯为12～24V,选用的导线截面应使低压线路末端电压降不应大于10%,36V及24V线不得大于5%;高压分线部位应设明显危险警告标志;所有配电箱和开关应全部进行责任人和用途标识。

图2.7.3-1 施工台架的低压安全变压器

3 洞外变电站应设置防雷击和防风装置,且宜设在靠近负荷集中地点和设在电源来线一侧;当变电站电源线需跨越施工地区时,其最低点距人行道和运输线路的最小高度应满足:电压$G \leqslant 10kV$时为7m,$10kV \leqslant G \leqslant 220kV$时为8m,$220kV \leqslant G \leqslant 500kV$时为14m;变压器容量应按电气设备总用量确定,当单台电动设备容量超过变压器容量1/3时,宜适当增加启动附加容量。

洞内变电站应设置在干燥的紧急停车带或不使用的横通道内,变压器与周围及上下洞壁的最小距离不得小于30cm,同时应按规定设置灯光、轮廓标等安全防护设施;洞内高压变电站之间的距离宜为1000m,由变电站分别向相反两方向供电,每一方供电距离宜采用500m;洞内高压变电站应采用井下高压配电装置或相同电压等级的开关柜,不应使用跌落式熔断器,应有防尘措施。

4 成洞地段固定的电线路,应采用绝缘良好的胶皮线架设;施工地段的临时电线路应采用橡套电缆;瓦斯地段的输电线应使用密封电缆,不得使用皮线;涌水隧道的电动排水设备应采用双回路输电,并有可靠的切换装置;动力干线上每一分支线,应装设开关及保险装置;严禁在动力线路上加挂照明设施。

5 照明和动力线路安装在同一侧时,应分层架设。电线悬挂高度应满足:110V以下电线离地面距离不应小于2m,400V时应大于2.5m,6~10kV时不应小于3.5m。供电线路架设一般要求高压在上、低压在下,干线在上、支线在下,动力线在上、照明线在下。洞内照明线路及应急灯布置如图2.7.3-2所示。

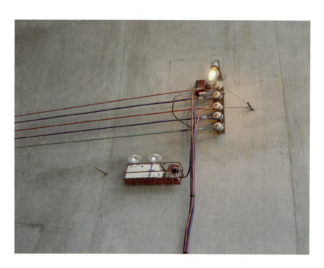

图2.7.3-2 洞内照明线路及应急灯布置图

2.7.4 施工期间"三管两线"应架设、安装顺直、整齐。"三管两线"布置如图2.7.4所示。

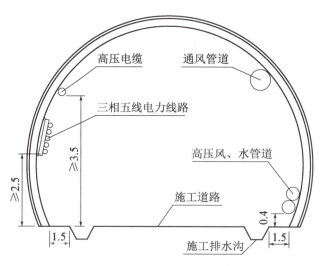

图2.7.4 "三管两线"布置示意图(尺寸单位:m)

2.7.5 施工照明:

1 隧道施工作业地段应有足够亮度的节能照明(满足表2.7.5的要求)。掌子面

40m 以内作业段落应配备移动式照明;掌子面后 40m 至二次衬砌作业区段每隔 20m 应设置照明条件。

表 2.7.5 施工作业地段亮度要求

施工作业地段	照度标准(lx)(平均照度不小于)
开挖作业面	50
混凝土、钢筋作业面、交叉运输区段	50
运输通道	15
特殊作业地段	50
成洞地段	15
竖井内	15

2 作业地段施工照明应符合下列规定:
1)在有渗漏水、滴水地段及开挖工作面附近应采用防水电缆、灯具。
2)曲线段和洞室拐弯处应增加照明灯具。
3)洞内每隔 50~100m 应设应急照明灯一盏。
4)模板台车衬砌作业段,台车前台 10~15m 增设照明灯具。
3 成洞段每隔 20m 在左右两侧边墙离地面 1.2m 位置设置反光标识。
4 对各种电气设备和输电线路应有专人经常进行检查维护、调整等工作,其作业要求应符合相关现行规范、规程的要求。

2.7.6 施工通信:
1 确保洞内外各作业面保持通信畅通,无公共通信网络区域应建立临时通信系统,配备应对突发事故的应急通信系统。
2 在隧道施工前,各洞口均需安装对外有线电话,以备无线手机无信号时应急联络,实现洞内外通信联络畅通。特长隧道洞内需安装无线网络路由器,保证洞内通信畅通。

2.8 弃渣场、自办料场

2.8.1 弃渣场:
1 隧道洞渣不得随意乱弃,应优先考虑利用,弃渣应运至指定的弃渣场。
2 隧道施工前,施工单位应选择出渣运输方便、距离短的场所作为弃渣场,场地容量应可容纳隧道弃渣量。
3 弃渣场选址应进行水文和地质条件调查,并报监理工程师及设计单位同意。弃渣场选址应符合下列要求:不得占用其他工程场地,不得影响附近各种设施的安全;不得影响附近的农田水利设施,应不占或少占农田;不得堵塞河道、河谷,防止抬高水位和恶化水流条件;不得设置在环境敏感点上游;不得压缩桥孔或涵管过水断面、改变水流方向和加剧对河岸的冲刷;不得挤压桥梁墩台及其他建筑物;不得设置在堑顶上方;设置在路堤附近时,应不高于路堤顶面。

4 弃渣场应按设计要求进行防护,当设计要求不能满足实际需要或设计无具体要求时,应对弃渣场的防护进行设计并报监理工程师批复,以确保边坡的稳定,防止发生水土流失、泥石流、滑坡等危害,必要时应设置挡护抗滑设施。

5 弃渣场应按有关要求,及时做好临时用地复垦工作。

6 弃渣应符合"生态保护与恢复"分册相关要求:

1)弃渣结束后,应根据环境保护法规、设计要求、合同约定恢复植被。

2)生态恢复工程施工中,需综合考虑水分、土壤、植物之间的相互依赖、相互制约关系,构建健康稳定的边坡生态系统。

2.8.2 自办料场:

1 当隧道弃渣强度等物理力学和化学指标符合规范要求、可作为结构用材料时,施工单位应自建料场以充分利用隧道弃渣。场地建设应满足制备及库存要求,加工碎石设备应采用带除尘装置的反击破碎石机并有配套的联合重筛分设备,施工前应做好环保评估并采取相应措施。碎石场应配置干法或湿法的除尘设备,以提高碎石质量。

2 自办料场的场地建设、生产设备及生产工艺应编制专项方案,并报监理工程师批准;自办料场的产品质量合格、稳定后,应报经监理工程师批准后方可正式生产。

2.9 施工环境保护

2.9.1 一般规定:

1 编制隧道施工组设计、专项施工方案时,应严格执行国家环境保护、水土保持的法律、法规及行业有关规定,合理选择工程措施和施工方案。

2 编制施工方案前,应详细调查隧址范围的自然资源保护区、文物保护区、水源保护区、风景名胜区等环境敏感点相关资料,充分考虑社会人文和环境对隧道施工的影响。

3 开工前应对隧址附近的水利设施、水资源和居民生产生活用水等区域的地下水位、水量、地表居民、地表各类建(构)筑物等信息进行调查,评估隧道修建可能对周边环境及对地表居民造成的影响,做好施工方案和应急预案。

4 当地下水流失可能引发地表环境破坏或居民生产生活受到影响时,隧道施工防排水应遵循以堵为主、限量排放的设计施工原则,并优化注浆堵水、施工工法、超前支护、初期支护、二次衬砌等设计施工方案。

5 为保护隧道洞口段、浅埋段等自然环境和周边建(构)筑物安全,应采取相应的工程保护措施,以防止地表建(构)筑物破坏、地表塌陷以及减少对居民正常生产生活造成不利影响。

6 隧道施工现场的生产和生活设施场地、施工便道等应尽量绕避或少占林地、耕地,完工后应及时进行现场清理、绿化或复垦。

7 隧道弃渣应根据地形、地质、水文条件和周边环境等因素,结合当地的国土、水土保持、环境保护及河(海)道管理等部门意见,综合确定弃渣场地,并应加强弃渣场挡护结构工程和防排水的设计与施工。

8 隧道洞口及斜井、竖井、辅助坑道洞口应设置施工期污水处理设施,适时检测有害气体等,并建档立卡。

2.9.2 排水及污水处理:

1 施工期间隧道洞内排出的水应集中洞口两侧排放,洞口排水沟尺寸满足排水需要(应考虑雨季降水的影响);当隧道施工排水不能满足直接排放标准时,应设置污水处理池,处理达标后排放。

2 污水处理不少于3级沉淀,采用浆砌或砖混结构,沉淀达标方可排放。

3 倡导中水处理循环利用,具体排放指标应符合"生态保护与恢复"分册的要求。

3 洞口与明洞工程

3.1 一般规定

3.1.1 隧道洞口开挖前,施工单位应编制隧道进洞专项施工方案,并组织专家进行专项审查。

3.1.2 积极推广"零开挖"进洞理念,遵循"早进洞、晚出洞"的原则组织施工。施工前复核洞口桩号,有差异时根据实测结果调整洞口位置。尽量避免对山体的大挖大刷,可适当延长明洞和隧道的长度;隧道洞口应按设计完成超前支护后,方可开始正洞的施工;洞口段应及时形成封闭结构,严禁采用长台阶施工;隧道洞顶截水沟以内植被禁止砍伐破坏,分离式隧道中间山体和连拱隧道中导洞开挖时应尽可能保护两侧山体,维护原有的生态地貌,洞门应力求与自然环境、人文景观相协调。"零开挖"洞口如图3.1.2所示。

图3.1.2 "零开挖"洞口

3.1.3 隧道进洞前,应完成下列工作:隧道进出口联测已完成,且贯通测量符合规范要求;洞顶的沉降观测点已布设完成,并取得第一组数据;洞顶截水沟已砌筑完成,洞口初步形成畅通的排水系统;洞外防护措施已完成,边坡稳定;二次衬砌台车已进场;钢筋加工厂、拌和站、施工便道已完成并能投入使用;安全教育培及考核工作完成;安全技术交底工作完成。

3.1.4 洞口设有明洞且洞口地质情况相对较好的隧道,可按先进暗洞、由内向外的施工顺序施作洞口明洞模筑衬砌,再进行洞身段开挖、初期支护、二次衬砌施工。

3.1.5 洞口地质水文条件较差的隧道,应严格控制进洞施工顺序,应采用明洞或半明半暗法进洞。应在完成洞口辅助工程后立即进行明洞主体模筑衬砌施工,然后再进行暗洞浅埋段施工。

3.1.6 原则上隧道二次衬砌施工完成50m(含明洞)后立即进行洞门及边仰坡绿化工程的施工。

3.1.7 隧道洞外场地宜充分考虑永临结合。隧道洞口场地应进行混凝土硬化处理,应采用20cm厚的石渣垫层,汽车运输通道应采用20cm厚的不低于C20混凝土作为面层。采用永临结合时,应按永久路面底基层设计要求一次施作到位。

3.1.8 隧道洞顶截水沟以内植被禁止砍伐破坏,分离式隧道中间山体和连拱隧道中导洞开挖时两侧山体应尽可能保护。进洞开挖进行锚喷防护仰坡时,施工范围应严格控制在不改变原有地形地貌景观并在可恢复的范围内。

3.1.9 洞口开挖和进洞施工宜避开雨季和融雪期,当不能避免时,应采取防止坍塌的安全保证措施。

3.2 施工工序

3.2.1 洞口与明洞工程施工工序如图3.2.1所示。

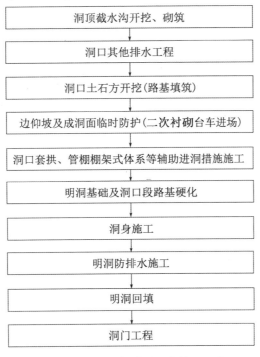

图3.2.1 洞口与明洞工程施工工序

3.3 施工要点

3.3.1 洞口土石方开挖：

1 洞口土石方施工宜避开降雨期,如确需在雨季施工时,应制定严密的施工方案和防护措施,同时应加强对山坡稳定情况的监测、检查。洞门端墙处的土石方,应视地层稳定程度、洞口施工季节和隧道施工方法等选择施工时机和施工方法。

2 洞口边坡和仰坡上可能滑塌的表土、灌木以及边坡和仰坡上的浮石、危石应予清除或加固。

3 洞口土方采用机械施工时,边、仰坡应预留约30cm的整修层,用人工刷坡并及时夯实整平成型,防止超挖,保证边、仰坡平顺,坡率符合设计要求。

4 洞口石方开挖宜采用浅孔小台阶爆破,严禁采用洞室爆破,边、仰坡开挖应采用松动控制爆破并预留光爆层,光面爆破成型。施工中应按批准的爆破设计组织施工,严禁超量装药。爆破后,应及时清除松动石块。

5 应在进洞前按设计要求对地表及仰坡进行加固防护；松软地层开挖边、仰坡时,宜随挖随支护,随时监测、检查山坡稳定情况。当洞口可能出现地层滑坡、崩塌时,应及时采取预防和稳定措施稳定坡体,确保施工安全。可采取地表砂浆锚杆、地表注浆等辅助工程措施或路基施工中稳定边坡的措施。

6 偏压洞口施工应做好支挡、反压回填等工作后再开挖；开挖方法应结合偏压地形情况选定,不得因人为因素加剧偏压。

7 施工便道的引入和施工场地的平整应尽量减少对原地貌的破坏和对洞口岩体稳定的影响。

8 洞口段施工期间实施不间断监测和防护。

9 洞口边坡及仰坡采用明挖法施工,自上而下分阶段、分层进行开挖。第一阶段挖至设计临时成洞面,并视围岩情况,结合暗洞开挖方法,预留进洞台阶；第二阶段开挖其余部分,形成永久边仰坡。不得掏底开挖或上下重叠开挖。洞口附近有建(构)筑物时,应采取微振控制爆破。

10 洞口段开挖至隧底高程后,应及时施作排水侧沟及出水口,并与洞外排水系统协调连通。

11 洞口边仰坡排水系统应在雨季之前完成。隧道排水应与洞外排水系统合理连接,不得侵蚀软化隧道和明洞基础,不得冲刷洞口前路基边坡及桥涵锥坡等设施。

12 洞口永久性挡护工程应紧跟土石方开挖及早完成。地基承载力应满足设计要求。

13 洞口仰坡上方洞身范围内禁止修建施工用水池。

14 进洞前应完成应开挖的土石方,废弃的土石方应堆放在指定的地点,边坡、仰坡上方不得堆置弃土、石方。

15 洞口开挖后,应对边坡、仰坡及时进行防护,尽早完成明洞、洞门等洞口工程,严禁长时间暴露导致雨水冲刷。

16 桥隧邻近的隧道洞口,应严格按照设计要求进行施工,设计未注明施工要求时,应根据洞口段和桥台的地形、地质及结构形式等条件,合理安排施工组织计划及施工工序。

3.3.2 排水工程:

1 洞外排水工程包括边坡和仰坡外的截水沟、排水沟和洞口排水沟、涵管组成的排水系统,所有开挖与铺砌除按图纸施工外,还应符合"路基工程"分册中砌石工程的规定。

2 边坡、仰坡外的截水沟或排水沟应于洞口土石方开挖前完成,防止地面水冲刷而导致边坡、仰坡落石、塌方。截水沟及排水沟的上游进水口应与原地面衔接紧密或略低于原地面,下游出水口应妥善地引入排水系统。

3 洞口顶部地表的凹坑应填平并进行地表防渗水处理,但不得用土石方填筑,以免流失堵塞排水沟渠,影响洞口安全。洞口段的截、排水系统应与其他工程排水系统顺接,排水接入两侧路基边沟内,并不得冲刷路基坡面、桥涵锥体、农田、房舍。

4 洞顶天沟及截、排水沟槽宜采用水泥砂浆或浆砌片石或混凝土铺砌沟底,防止下渗,确保排水畅通。

5 路堑两侧边沟应与排水设施妥善连接,使排水畅通。土路肩及碎落台,应按设计要求予以加固。

6 对于反坡施工洞口,施工期间洞口应设渗水盲沟,两侧排水沟在洞口处设浆砌片石隔墙与洞外隔离。

7 洞口设计改沟工程应先行施工,后再施工洞口工程。

8 进洞前应完成桥隧相邻的隧道洞口排水系统工程,防止隧道排水对桥台造成不利影响。

3.3.3 临时防护:

1 洞口边仰坡开挖成型后,为防止地表水渗入开挖面,保证洞口坡体的稳定性,应及时进行防护。

2 坡面临时防护施工前,应将岩面浮渣及危岩清除干净,并用高压风将坡面清理干净。

3 坡面存在较大涌水或渗水时,应增设泄水孔或平孔排水。

3.3.4 进洞辅助措施:

1 辅助工程措施所用钢筋、钢管等材质,环向间距、纵向搭接长度、方向等布设参数,以及锚固所用材料均应符合设计及规范要求。管棚钻进严格按照设计要求的顺序、角度进行施工。

2 施工单位注浆前应认真分析围岩性质,选择合理的注浆设备、材料和施工工艺。监理工程师应进行旁站,并做好施工记录。记录内容应包含下列内容:施作里程范围、小导管(管棚)根数、长度、最大单根注浆量、最小单根注浆量、总注浆量(注浆量以使用水泥袋数或千克为单位)、注浆控制压力。对小导管、管棚的安装和注浆应保存影像资料。

3 套拱基础的地基承载力应满足设计要求,如地基承载力不满足设计要求,应及时变更调整,基坑的渣体杂物、风化软层和积水应清除干净。

4 应加强套拱内预埋的孔口管定向、定位控制,严格按设计确定其上抬量和角度,确保钻孔定位准确。

5 超前管棚施工宜采用履带式潜孔钻机。

3.3.5 明洞工程:

当明洞位于陡峭山坡或破碎、松软地层时,为保证施工安全,宜先施作明洞衬砌轮廓外的整幅或半幅套(护)拱,必要时还应在外侧施作挡墙,然后在套拱护顶下暗挖明洞土石方,并及时支护边墙,成型后按暗挖隧道施作明洞衬砌。

1 明洞仰拱应在明洞拱墙衬砌施工前浇筑,并应符合下列规定:

1)当隧道采用爆破开挖时,宜在洞身掘进适当距离后施作明洞和洞门。

2)当隧道采用非爆破开挖时,宜先施作明洞和洞门,然后开挖隧道。

2 边墙施工:

1)明洞边墙基础应设置在符合图纸要求且稳固的地基上,地基承载力满足设计要求,基坑的渣体杂物、风化软层和积水应清除干净。严禁超挖回填虚土。

2)偏压和单压明洞的外边墙基底,在垂直路线方向应按设计要求挖成一定坡度、向内的斜坡,以提高基底的抗滑力,如基底松软,应采取措施增加基底承载力。

3)基础开挖时应注意核查地质条件;如挖至设计高程,不符合图纸要求时,应提出变更设计。

4)基础施工完成后应及时回填,避免雨水等侵蚀地基。

3 明洞衬砌及防水:

1)明洞混凝土浇筑前应复测中线、高程和模板的外轮廓尺寸,确保衬砌不侵入设计轮廓线。

2)明洞混凝土的浇筑应设挡头板、外模和支架,明洞墙、拱混凝土应整体浇筑。

3)明洞施工应和隧道的排水侧沟、中心水沟的出水口及洞顶的截、排水设施统筹安排。

4)明洞衬砌边墙钢筋应采用机械套筒连接,同一断面的钢筋接头个数不得超过钢筋根数的50%。

4 明洞回填:

1)人工回填时,拱圈混凝土强度不小于设计强度的75%;机械回填时,不小于设计强度。

2)明洞段顶部回填土方应对称分层夯实,每层厚度不得大于0.3m,两侧回填的土面高差不得大于0.5m;明洞两侧回填水平厚度小于1.2m范围内应采用同级混凝土回填;回填至拱顶后应分层满铺填筑,顶层回填材料宜采用黏土以利于隔水。明洞黏土隔水层应与边坡、仰坡搭接良好,封闭紧密。墙背与岩(土)壁之间的回填应符合设计要求,不得任意抛填土石。

3)使用机械回填时,拱圈混凝土强度应达到设计强度,且需先用人工填筑夯实回填至拱顶以上1.0m后,方可使用机械施工。

4)明洞回填材料宜采用内摩擦角不低于35°的透水性材料,拱部两侧回填土顶面高差不应大于0.3m,压实度不小于90%。

3.3.6 洞门工程:

1 隧道洞口应尽可能减弱施工痕迹,洞口应与自然景观相协调。可适当在洞口种植高大树木,降低洞口亮度,使光线明暗过渡自然。与自然景观相协调的洞口如图3.3.6-1所示。

图3.3.6-1 与自然景观相协调的洞口

2 洞门基础开挖应注意基坑的支护,基础应置于稳固的地基上,地基承载力满足设计要求,应做好防水、排水工作,防止基底被水浸泡。基坑废渣、杂物等应清除干净。

3 洞门端墙应与隧道衬砌紧密连接。洞门端墙的砌筑(或浇筑)与墙背回填,应两侧同时进行,防止对衬砌产生偏压。

4 洞门建筑完成后,洞门以上仰坡坡脚如有损坏,应及时修补,确保坡顶以上的截水沟和墙顶排水沟及路堑排水系统完好、连通。

5 隧道明洞回填、洞门施工完成后,应及时做好洞口边坡及仰坡的地表恢复,应符合环境保护要求,做好水土保持。

6 端墙式洞门浇筑施工:

1)端墙式混凝土洞门施工工艺流程如图3.3.6-2所示。

2)端墙式洞门施工应符合下列规定:

(1)端墙应在土石方开挖后及时完成,基础超挖部分应采用与基础同级混凝土和基础同步浇筑,端墙及挡、翼墙的开挖轮廓面应符合设计要求。

(2)端墙及挡、翼墙基础的基底承载力应满足设计要求,承载力可采用静力触探试验或标准贯入试验检测。

(3)端墙及挡、翼墙基础位于软硬不均的地基上时,除按设计要求处理外,还应在软弱地基分界处设沉降缝。

(4)端墙与洞口衬砌连接方式应符合设计要求。

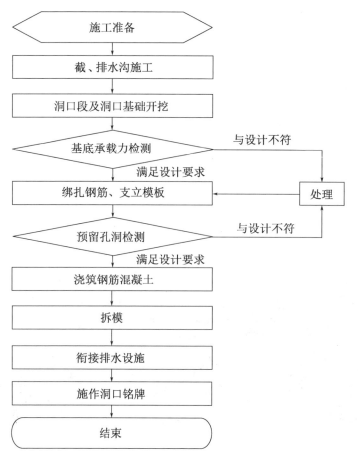

图 3.3.6-2　端墙式混凝土洞门施工工艺流程

（5）端墙的泄水孔应与洞外排水系统及时连通。

（6）隧道洞门端墙和挡、翼墙,挡土墙的反滤层、泄水孔、施工缝设置应符合设计要求。

（7）隧道洞门的截、排水设施应与洞门工程同步施工,当端墙顶部水沟置于填土上时,填土应夯填密实,必要时应加以铺砌。

（8）隧道洞门检修踏步、隧道铭牌、号标的设置应符合设计要求。

7　削竹式洞门：

1）削竹式洞门施工工艺流程如图 3.3.6-3 所示。

2）削竹式洞门施工应符合下列规定：

（1）削竹式洞门坡面较平缓的,应尽量与自然地形坡度相一致,为避免开挖边、仰坡时局部坍塌破坏原地貌,宜采用非爆破方法开挖。

（2）洞门混凝土达到设计强度后,及时回填边、仰坡超挖部分,恢复自然地形坡面。

8　浇筑混凝土洞门的模板及拆模应符合下列规定：

1）模板及支（拱）架应根据洞门结构形式、荷载大小、地基土类别、施工设备和材料供应等条件设计。

2）削竹式洞门斜坡面内外模板和挡头板应专门设计和制作,配套使用。

3）模板及支（拱）架应具有足够的强度、刚度和稳定性,能承受所浇筑混凝土的重力、侧压力及施工荷载。

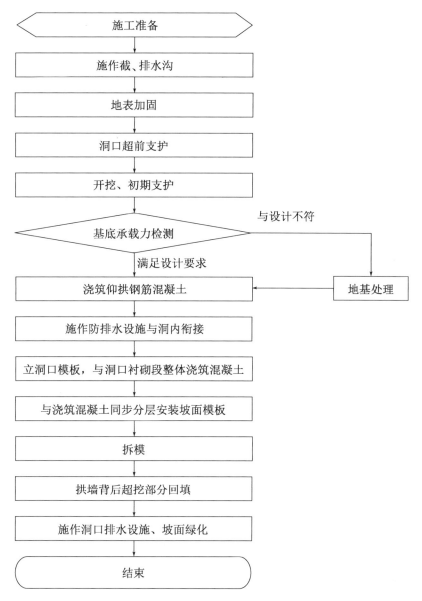

图 3.3.6-3 削竹式洞门施工工艺流程

4）模板及支架安装应稳固牢靠，模板及支架与脚手架之间不得相互连接。模板接缝应严密不漏浆。

5）模板与混凝土的接触面应清理干净，并涂刷脱模剂。

6）混凝土浇筑前，模板内的积水和杂物应清理干净。

7）拆除模板及支（拱）架的条件：当洞门结构跨度大于8m时，混凝土强度应达到其设计强度标准值的100%；当洞门结构跨度小于或等于8m时，混凝土强度应达到其设计强度标准值的70%。

9 洞门砌筑：

1）洞门采用料石砌筑时，应分层砌筑。

2）砌筑砂浆按试验确定的配合比，机械拌制。

3）砌体施工过程中应严格按设计设置泄水孔，对个别出水点要及时将水引出，并做好墙背的反滤层和排水盲沟等。

4）砌体的大面要平整,缝宽要一致。条石外露面的尺寸为60cm×30cm,丁石外露面的尺寸为30cm×30cm,缝宽为2cm。

5）隧道洞门严禁粘贴石板材或人造板材。

3.3.7 根据围岩及周围环境条件,选择合适的开挖方法,控制围岩变形。爆破开挖时,应短进尺、弱爆破、早支护,减少对围岩的扰动;设置锁脚锚杆,提高拱脚处围岩的承载力;及时施工仰坡或临时仰拱。

3.3.8 在穿越覆盖层薄的土石地层时,应结合地表防排水措施,进行有效的地层注浆加固。如出现开裂、涌水激增、支护变形等问题,应及时反馈,并及时采取加固措施,防止冒顶、压溃等事故的发生。

4 洞身开挖

4.1 一般规定

4.1.1 洞身开挖应根据地质条件、断面大小、机械设备等,选择适宜的开挖方案(包括开挖顺序、爆破、施工照明、通风、排水、支护、出渣等)。为了最大限度地利用围岩自承能力,应采用有利于减少超挖、减少围岩扰动的开挖方法进行洞身开挖。

4.1.2 开挖作业应符合下列规定:
1 确定合理的开挖步骤和循环进尺,保持各开挖工序相互衔接,均衡施工。
2 开挖作业应保证安全,不得影响初期支护、二次衬砌和设备的安全,并应保护好量测用的测点,宜减少对围岩的扰动。
3 开挖断面尺寸应满足设计要求,应采用有效的测量手段控制开挖轮廓线、尽量减小开挖轮廓线的放样误差,应采用激光指向仪、隧道激光断面仪等确定开挖轮廓线和炮眼位置;边沟、电缆沟及边墙基础应同时开挖;所有开挖应按图纸标明的开挖线并加入预留沉降量后的尺寸进行施工;开挖质量应符合设计及规范要求,严禁二次爆破开挖,在开挖过程中,施工单位应适时测定隧道轴线位置和高程。
4 对于软弱围岩,在放样时应根据监控量测情况,适当调整预留变形量,以满足隧道建筑限界要求。
5 开挖后应做好围岩地质的核对,及时做好监控量测工作,地质变化处和重要地段,应有相应照片或文字描述记载。
6 爆破作业时,所有人员应撤至不受有害气体、振动及飞石伤害的安全地点;在有可能发生涌水、突水地段应加强开挖工作面与洞内后部工作点的联系。安全地点至爆破工作面的距离,在独头坑道内不应小于200m,当采用全断面开挖时,应根据爆破方法与装药量计算确定安全距离。

4.1.3 隧道爆破应采用光面爆破,Ⅱ级及以上围岩炮眼残眼率大于90%,Ⅲ级围岩大于75%。施工中围岩出现变化时应及时调整优化爆破参数,确保光爆成效。

4.1.4 应有良好的供风、照明、给排水、供电、通信系统。

4.1.5 双向开挖隧道的贯通宜选择在围岩较好的地段。双向开挖距离接近时,两端施工应加强联系、统一指挥,并采取浅眼低药量,控制爆破振动;当两开挖面间的距离为15~30m时,应改为单向开挖,一端应停止开挖,将人员机具撤走,并在安全距离处设立警告标志。对采用单向开挖的隧道,出洞前应反向开挖不少于30m或不小于洞口超前管棚长度,严禁在隧道洞口处贯通。

4.1.6 双洞开挖时,应根据两洞的轴线间距、洞口里程距离、地质条件及其他自然条件,选择适当的开挖方法,确定好两洞开挖的时间差和距离差,并采取措施防止后行洞开挖对先行洞周壁产生不良影响。一洞爆破时,另一洞严禁装药,且人员、设备应撤离至安全区域。

4.1.7 隧道爆破作业应严格按照国家有关爆破安全规程和技术标准施工,应加强民爆物品的安全管理,对瓦斯地层隧道施工还应符合《煤矿安全规程》和现行《公路瓦斯隧道设计与施工技术规范》(JTG/T 3374)的相关规定。

4.1.8 施工单位应安排好施工过程的测量,以保证隧道按设计方向和坡度施工,使开挖断面符合图纸所示尺寸,做到严禁欠挖减少超挖。洞内应每隔50m设置一个水准点。

4.1.9 在施工过程中,施工单位应根据对开挖面的直接观察、围岩变形的量测结果,辅以超前地质预报,结合岩层构造、岩性及地下水情况,提出围岩分类的调整意见,并判定隧道围岩稳定性,提出相应的处理方案。由项目业主组织设计、监理、施工四方会审确定。

4.1.10 在施工过程中,应加强隧道动态设计和动态施工。施工单位应严格按设计方案施工,对揭示地质条件与勘察设计不符的,采取动态调整开挖方案、支护参数、辅助设施、施工资源等综合风险应对措施。改变施工方案应由项目业主组织设计、监理、施工四方会审确定;严禁现场擅自改变开挖方法。

4.1.11 隧道爆破应采用光面爆破,必要时采用预裂爆破技术。在漏水和涌水地段应采用非电导爆管起爆。

4.1.12 每座隧道洞身开挖后,施工单位应立即进行锚喷支护施工工艺性试验,检验其配套设备的性能、工效;建设单位应组织联合专项验收工作。

4.2 施工工序

4.2.1 一般分离式隧道总体施工工序如图4.2.1所示。

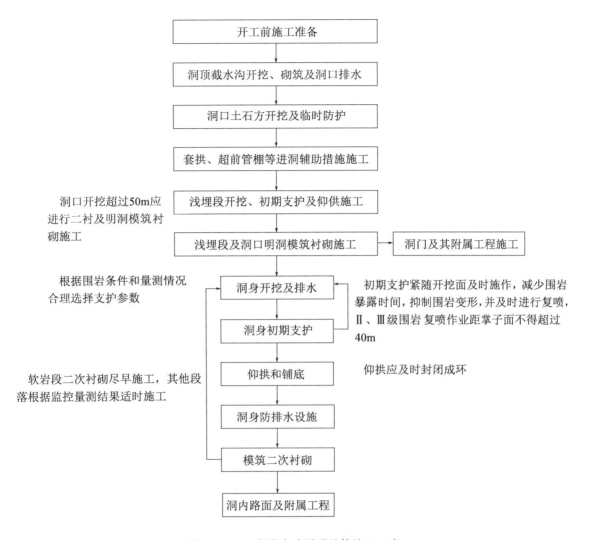

图 4.2.1　一般分离式隧道总体施工工序

4.3 施工要点

4.3.1 隧道开挖应与支护、衬砌施工相协调。如需变更设计,除应满足技术规范要求外,还需遵循下列原则:

1 两车道浅埋段土质和类土质、含水率大、承载力低的隧道应采用中隔壁法(CD法)或交叉中隔壁法(CRD法)施工。

2 三车道土质围岩和土夹石的松散围岩、地下水丰富的隧道应按中隔壁法(CD法)、交叉中隔壁法(CRD法)或双侧壁导坑法施工。

3 浅埋大跨度隧道及地表下沉量要求严格而围岩条件很差时,应选用交叉中隔壁法或双侧壁导坑法施工。

4 Ⅴ级围岩和浅埋段的Ⅳ级围岩每循环进尺控制在1榀钢拱架间距以内;Ⅲ级围岩宜控制在3m左右;Ⅰ、Ⅱ级围岩,使用气腿式凿岩机时可控制在4m左右,使用凿岩台车时可根据围岩稳定情况适当调整。采用特殊设计的其他情况每循环进尺应符合设计规定。

5 软弱围岩隧道,应采用"三超前(超前预报、超前加固、超前支护)、四到位(工法选择到位、支护措施到位、快速封闭到位、衬砌跟进到位)、一强化(强化监控量测)"的施工技术。

6 采用环形导坑预留核心土法施工的隧道要严格按该施工工序组织施工,尤其是要加强钢拱架的锁脚,减少下沉;对土质的隧道应以核心土为基础设立2根临时钢架竖撑以支撑拱顶,核心土应根据围岩量测结果适当滞后开挖。

7 对于采用上下台阶法施工的隧道,台阶分界线不得超过起拱线;上台阶长度不得过长,应尽量采用短台阶,以便及时封闭成环。上台阶长度应不大于30m;下台阶马口落底长度不大于2榀钢拱架的间距,应一次落底,并尽快封闭成环。下台阶左、右侧开挖宜前后错开3~5m,同一榀钢架两侧不得同时悬空。

4.3.2 超欠挖控制:

1 隧道的开挖轮廓应按设计和相关规范要求预留变形量,并根据监控量测信息进行调整。

2 应严格控制欠挖。当岩层完整、岩石抗压强度大于30MPa并确认不影响衬砌结构稳定和强度时,每$1m^2$内欠挖面积不宜大于$0.1m^2$,欠挖隆起量不得大于50mm。拱脚、墙脚以上1m范围内及净空图折角对应位置严禁欠挖。

3 应尽量减少超挖,不同围岩地质条件下的允许超挖值应符合规范要求。

4 应采用光面爆破、提高钻眼精度、严格控制单段起爆药量等措施,并提高作业人员的技术水平。

5 围岩开挖初喷后,应立即采用高精度测量设备(如全断面激光断面仪、高速影像全站扫描仪等)进行全断面扫描,并绘制断面图。同时,应在二次衬砌台车明显位置挂设断面检测记录资料箱(二次衬砌前后50m断面记录资料)。

4.3.3 钻爆方案:

1 隧道掘进施工前,应进行专门钻爆设计,并进行试爆,根据试爆结果合理调整各项参数。

2 光面爆破参数,如周边眼间距、最小抵抗线、相对距和装药集中度等,应采用工程类比或根据现行《公路隧道施工技术规范》(JTG/T 3660)合理选用,并根据实际爆破效果对光爆参数进行调整,以达到理想效果。光面爆破工作是隧道施工的基础性工作,施工、监理单位应加强管理,确保光爆质量。

3 周边眼应根据围岩情况合理布置,保证开挖断面符合设计要求,硬岩开眼位置在开挖轮廓线上,软岩可向内偏5~10cm。

4 Ⅲ级及以上围岩段的水沟应与隧底光爆层同时爆破成型。

5 对于小净距隧道、连拱隧道以及地表周围有建(构)筑物的浅埋隧道,在开挖过程中,应监测围岩爆破影响深度以及爆破振动对周围其他建(构)筑物的破坏程度,对周围其他建(构)筑物及新浇混凝土的振动速度应满足规范要求。

6　宜采用节能、安全、环保的新爆破工艺,通过专项论证后应用。

7　超挖回填应符合下列规定:

1)沿设计轮廓线均匀超挖,有钢架时,可采用喷射混凝土回填,或增大钢架支护断面尺寸,使钢架贴近开挖轮廓,在施工二次衬砌时,以二次衬砌混凝土回填;无钢架时,可在施工二次衬砌时,以二次衬砌混凝土回填。

2)局部超挖,当超挖量不超过200mm时,宜采用喷射混凝土回头密封。

3)边墙部位超挖,可采用混凝土或片石混凝土回填。

8　铺底和仰拱底面采用预留光爆层爆破,Ⅱ、Ⅲ级围岩段的水沟应与隧底光爆层同时爆破成型。

4.3.4　钻爆作业:

1　钻爆作业应按照钻爆设计进行,施工工艺流程如图4.3.4所示。

2　出渣及通风方案:单向掘进2km以内的隧道一般采用无轨运输出渣;单向掘进超过2km,应根据通风方案、辅助坑道来确定出渣方式。

3　测量放样布眼:

1)钻眼前应定出开挖断面中线、水平线,用红油漆准确绘出开挖断面轮廓线,并标出炮眼位置(误差不超过5cm),经检查符合设计要求后方可钻眼。

2)当开挖面凸凹较大时,应按实际情况调整炮眼深度,并相应调整装药量,除掏槽眼外的所有炮眼眼底宜在同一垂直面上。

4　钻眼:按照不同孔位,将钻工定点定位。钻工应熟悉炮眼布置图,能熟练地操作凿岩机械,特别是钻周边眼,一定要由有较丰富经验的钻工司钻,有专人指挥,确保周边眼有准确的外插角,使两茬炮交界处台阶不大于15cm。同时,根据眼口位置岩石的凹凸程度调整炮眼深度,保证炮眼底在同一平面上。

5　连接起爆网络施工应按《爆破安全规程》的有关规定执行。

6　非点炮人员撤至安全地点后才能引爆。爆破后应经过通风排烟,且其相距时间不得少于15min,洞内空气质量符合本指南第4.8.2条的规定,并经过安全检查和妥善处理后,其他工作人员才准进入工作面。

爆破后应立即进行安全检查,如有瞎炮,应由原爆破人员按《爆破安全规程》的有关规定进行处理,确认无误后才能出渣。

7　出渣运输通道应设专人进行维修和养护,使其处于平整、畅通状态。通道两侧的废渣和余料应随时清除。出渣运输车辆应处于完好状态,制动有效,严禁人料混载,不准超载、超宽、超高运输。运装大体积或超长料具时,应有专人指挥,专车运输,并设置显示界限的红灯。

8　爆破后若有大块石出渣机械难以装运时,应采取解炮或其他措施后进行装渣,防止机械倾覆。

9　炸药引爆后,按爆破作业规定检查有无瞎炮及可疑现象,有无残余炸药或雷管,有无松动石块,支护有无损坏与变形,并及时排除隐患。

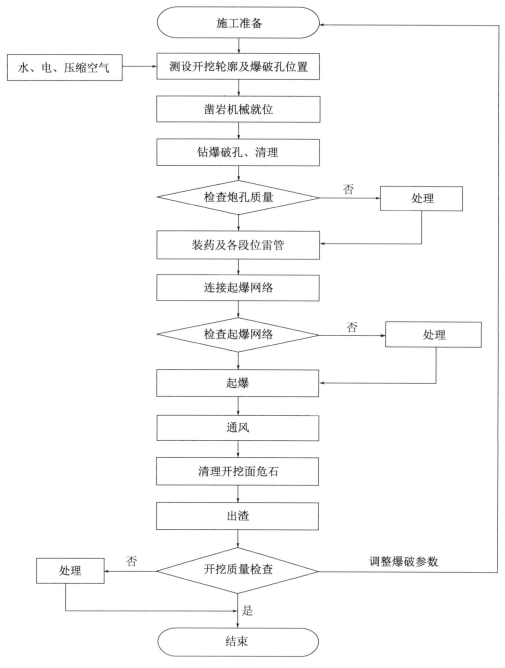

图 4.3.4 钻爆施工工艺流程

10 隧道内施工车辆、设备应靠边停放,远离爆破点;停放点处岩石完整性好、无渗水;停放点前后应架设红色警示灯,显示限界。

11 运转大体积或超长料具时,应有专人指挥,专车运输并设置显示界限的红灯。

12 进洞的各类施工机械和车辆,应优先选用电动机械设备和车辆,不得使用以汽油为动力的机械设备。

13 洞内运输车辆行驶速度,在施工作业地段和错车时不应大于10km/h;成洞地段不宜大于25km/h。在洞口、平交洞口及狭窄地段应设置缓行标志,倒车与转向时应由专人指挥。

14 装渣作业应由专人指挥。应注意爆后残留在掌子面上和埋在爆渣之中的拒爆残药,若发现拒爆残药,应立即通知专业人员进行处理。

4.4 开挖方法

4.4.1 全断面开挖法(图4.4.1-1):

图 4.4.1-1 全断面开挖法

1 全断面开挖法是指洞身采用全断面一次开挖成形的施工方法。全断面法施工横断面及纵断面如图4.4.1-2所示。该方法主要应用于Ⅰ、Ⅱ、Ⅲ级围岩,Ⅳ级围岩和石质Ⅴ级围岩在采取有效措施稳定开挖工作面后也可采用。采用大型机械配套作业;超前开挖导洞时,应控制好开挖距离,同时应控制一次同时起爆的炸药量。地质条件较差地段应对围岩进行超前支护或预加固。

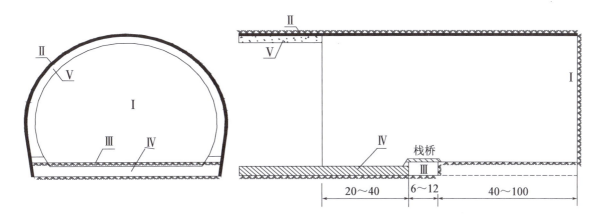

图 4.4.1-2 全断面法施工横断面及纵断面示意图(尺寸单位:m)
Ⅰ-全断面开挖;Ⅱ-初期支护;Ⅲ-隧道底部开挖(捡底);Ⅳ-底板(仰拱)浇筑;Ⅴ-拱墙二次衬砌

2 施工要求:循环进尺宜控制在3～4m。
3 全断面法施工工艺流程见图4.4.1-3。

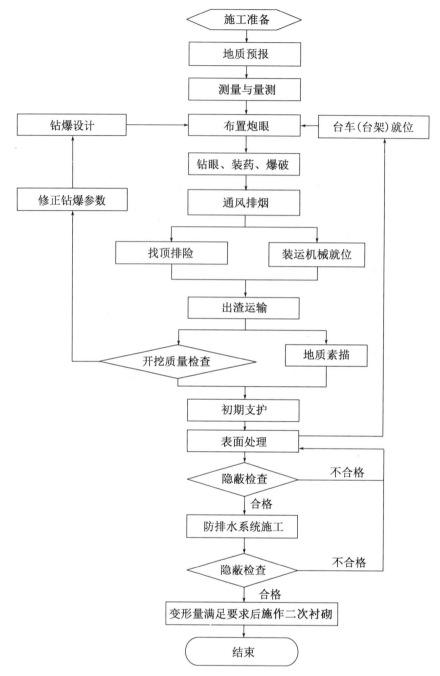

图 4.4.1-3　全断面法施工工艺流程

4.4.2　台阶法施工(图 4.4.2-1)：

1　台阶法是指先开挖上半断面,待开挖至一定长度后同时开挖下半断面的施工方法。台阶法可分为二台阶法、三台阶法。其施工工序参见图 4.4.2-2。

2　台阶法施工工艺流程见图 4.4.2-3。

3　施工要求：

1)台阶不宜多分层,上下台阶之间的距离尽可能满足机具正常作业,并减少翻渣工作量;当顶部围岩破碎,需支护紧跟时,可适当延长台阶长度。

图 4.4.2-1 台阶法

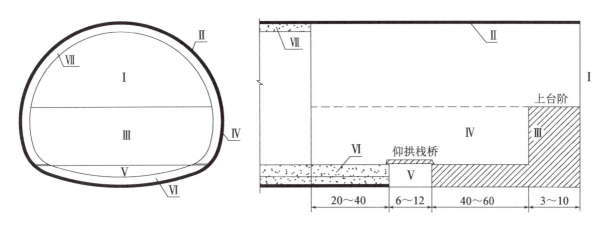

图 4.4.2-2 台阶法施工工序示意图(尺寸单位:m)

Ⅰ-上部开挖;Ⅱ-上部初期支护;Ⅲ-下部开挖;Ⅳ-下部初期支护;Ⅴ-底部开挖(捡底);Ⅵ-仰拱及混凝土填充;Ⅶ-二次衬砌

2)施工时应先护后挖,宜采用超前锚杆或超前小钢管辅助施工措施。开挖应尽量采用微振光面爆破技术。

3)初期支护应紧跟开挖面;上台阶施工时,钢架底脚宜设锁脚锚杆和纵向槽钢托梁以利下台阶开挖安全。下台阶在上台阶喷射混凝土强度达到设计强度的70%后再进行开挖。

4)隧道两侧的沟槽及铺底部分应同下台阶一次开挖成型。

5)台阶分界线不得超过起拱线,上台阶长度不得大于30m,下台阶马口落底长度不大于2榀钢拱架的长度,应一次落底,并尽快封闭成环。

6)上台阶每循环开挖支护进尺:Ⅴ、Ⅵ级围岩不应大于1榀钢架间距,Ⅳ级围岩不得大于2榀钢架间距,下台阶左右侧开挖宜前后错开3~5m,同榀拱架连两侧不得同时悬空。

7)台阶长度不宜超过隧道开挖宽度的1.5倍。台阶不宜多分层。台阶下部开挖后应及时喷射混凝土封闭。

8)采用混凝土喷射机械手作业时,机械手到达工作位置后,应关闭喷射机引擎,并应使用驻车制动器;管路堵塞时,应先关闭主机后方能处理。

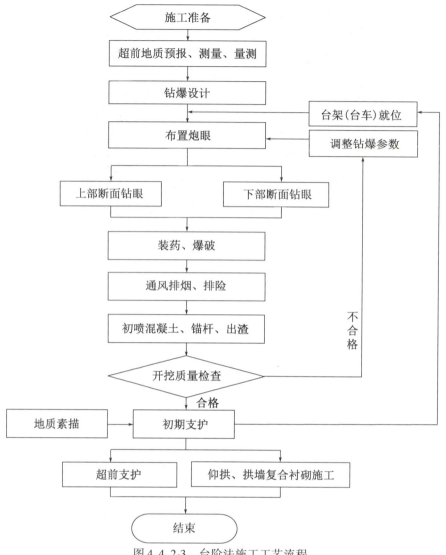

图 4.4.2-3 台阶法施工工艺流程

4.4.3 环形开挖留核心土法（图 4.4.3-1）：

图 4.4.3-1 环形开挖留核心土法

1 环形开挖留核心土法以弧形导坑预留核心土法为基本模式，分为上、中、下三个台阶七个开挖面，各部位的开挖与支护沿隧道纵向错开、平行推进。其施工工序参见图 4.4.3-2。

2 环形开挖留核心土法施工工艺流程见图 4.4.3-3。

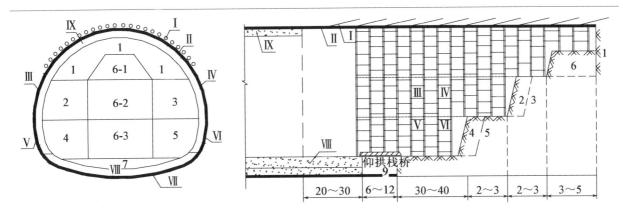

图 4.4.3-2 环形开挖留核心土法施工工序示意图(尺寸单位:m)

Ⅰ-超前支护;1-上部弧形导坑开挖;Ⅱ-上部初期支护;2、3-中部两侧开挖;Ⅲ、Ⅳ-中部两侧初期支护;4、5-下部两侧开挖;Ⅴ、Ⅵ-下部两侧初期支护;6-1、6-2、6-3-上、中、下部核心土开挖;7-仰拱开挖;Ⅶ-仰拱初期支护;Ⅷ-仰拱及填充混凝土;Ⅸ-拱墙二次衬砌

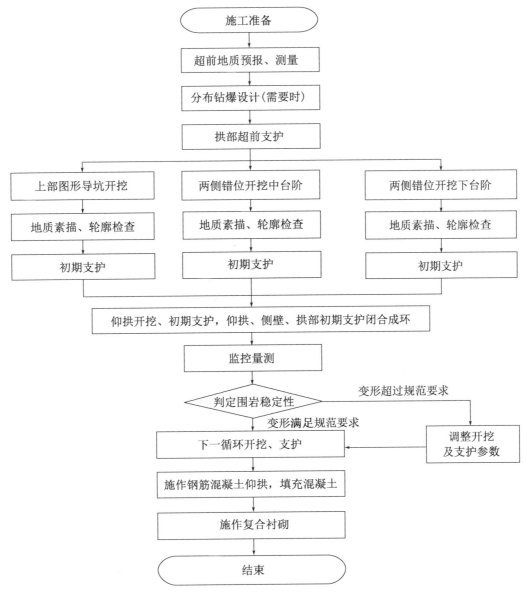

图 4.4.3-3 环形开挖留核心土法施工工艺流程

3 施工要求：

1）将开挖断面分为上、中、下及底部四个部分逐级掘进施工，也可根据地质情况将环向分部减少为三个或两个台阶逐级开挖，核心土面积应不小于整个断面面积的50%。上部宜超前中部3~5m，中部超前下部3~5m，下部超前底部10m左右。

2）核心土与下台阶开挖应在上台阶支护完成后、喷射混凝土强度达到设计强度的70%后进行。为防止上台阶初期支护下沉、变形，其底部宜加设槽钢托梁，托梁与钢架连为一体，钢架底部应按设计要求设置锁脚锚杆，并与纵向槽钢焊接，锚杆（管）布设俯角宜为30°~45°。

3）每一台阶开挖完成后，及时喷射4cm厚混凝土对围岩进行封闭，设立型钢钢架及锁脚锚杆，分层复喷混凝土到设计厚度，必要时各台阶设临时仰拱加强支护，完成一个开挖循环。

4）对土质隧道应以核心土为基础设立3根临时钢架竖撑以支撑拱顶和拱腰，核心土应根据围岩量测结果适当滞后开挖。

5）上台阶每循环开挖支护进尺：Ⅴ、Ⅵ级围岩不应大于1榀钢架间距，Ⅳ级围岩不得大于2榀钢架间距。

4.4.4 中隔壁法（CD法）（图4.4.4-1）：

图4.4.4-1 中隔壁法（CD法）

1 中隔壁法（CD法）是指在软弱围岩大跨度隧道中，先分部开挖隧道的一侧，并施作中隔壁，然后再分部开挖另一侧的施工方法。单侧可分三个台阶，也可根据地质情况减少至两个台阶开挖。中隔壁法（CD法）施工工序横断面及纵断面示意图见图4.4.4-2。

2 中隔壁法（CD法）施工工艺流程见图4.4.4-3。

3 施工要求：

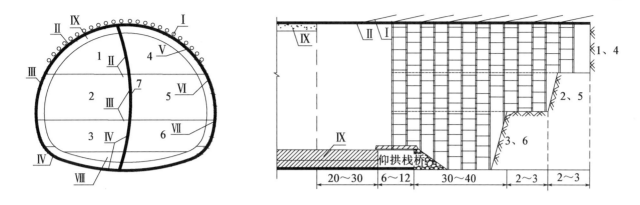

图 4.4.4-2 中隔壁法(CD法)施工工序横断面及纵断面示意图(尺寸单位:m)

Ⅰ-超前支护;1-左侧上部开挖;Ⅱ-左侧上部初期支护;2-左侧中部开挖;Ⅲ-左侧中部初期支护;3-左侧下部开挖;Ⅳ-左侧下部初期支护;4-右侧上部开挖;Ⅴ-右侧上部初期支护;5-右侧中部开挖;Ⅵ-右侧中部初期支护;6-右侧下部开挖;Ⅶ-右侧下部初期支护;7-拆除中隔壁;Ⅷ-仰拱及填充混凝土;Ⅸ-拱墙二次衬砌

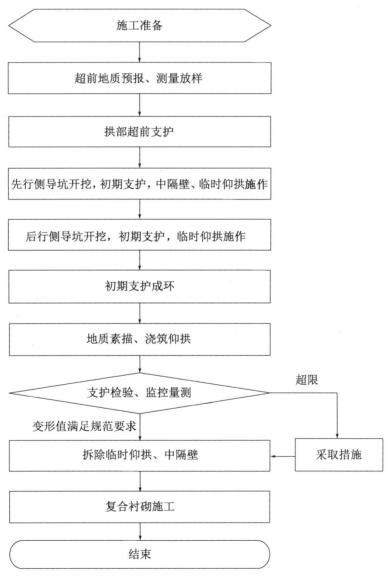

图 4.4.4-3 中隔壁法(CD法)施工工艺流程

1）上部导坑的开挖循环进尺控制为 1 榀钢架间距，下部导坑的开挖进尺可依据地质情况适当加大。

2）中隔壁法或交叉中隔壁法施工时，初期支护完成后方可进行下一分部开挖，地质较差时，每个台阶底部均应按设计要求设临时钢架或临时仰拱；各部开挖时，周边轮廓应尽量圆顺；应在先开挖侧喷射混凝土强度达到设计要求后再进行另一侧开挖；左右两侧导坑开挖工作面的纵向间距不宜小于 15m；同侧上下层开挖工作面应保持 3～5m。当开挖形成全断面时，应及时完成全断面初期支护闭合。

3）导坑开挖孔径及台阶高度可根据施工机具、人员等安排进行适当调整。应配备适合导坑开挖的小型机械设备，提高导坑开挖效率。

4）中隔壁的拆除工艺是关键技术，中隔壁拆除时间的判定要以拱顶下沉和净空收敛为依据，一般在拱顶下沉 7d 内增量在 2mm 以下作为拆除中壁的基准。同时，要求中隔壁的拆除应滞后于仰拱，一次拆除长度应根据量测数据慎重确定，拆除后应立即施作二次衬砌。

4.4.5　交叉中隔壁法（CRD 法）（图 4.4.5-1）

图 4.4.5-1　交叉中隔壁法（CRD 法）

1　交叉中隔壁法（CRD 法）是指在软弱围岩大跨度隧道中，先分部开挖隧道一侧，施作中隔壁和横隔板，再分部开挖隧道另一侧并完成横隔板施工的施工方法。交叉中隔壁法（CRD 法）施工横断面及纵断面示意见图 4.4.5-2。

2　交叉中隔壁法施工工艺流程见图 4.4.5-3。

3　施工要求：

1）为确保施工安全，上部导坑开挖循环进尺控制为 1 榀钢架间距，下部开挖可依据地质情况适当加大，仰拱一次开挖长度依据监控量测结果、地质情况综合确定，一般不宜大于 5m。

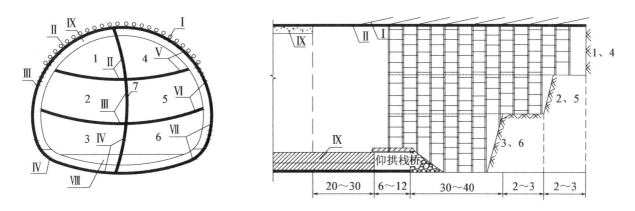

图 4.4.5-2 交叉中隔壁法(CRD法)施工横断面及纵断面示意图(尺寸单位:m)

Ⅰ-超前支护;1-左侧上部开挖;Ⅱ-左侧上部初期支护成环;2-左侧中部开挖;Ⅲ-左侧中部初期支护成环;3-左侧下部开挖;Ⅳ-左侧下部初期支护成环;4-右侧上部开挖;Ⅴ-右侧上部初期支护成环;5-右侧中部开挖;Ⅵ-右侧中部初期支护成环;6-右侧下部开挖;Ⅶ-右侧下部初期支护成环;7-拆除中隔壁及临时仰拱;Ⅷ-仰拱及填充混凝地;Ⅸ-拱墙二次初砌

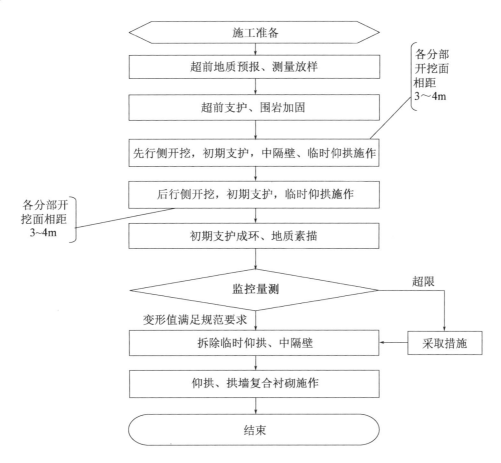

图 4.4.5-3 交叉中隔壁法(CRD法)施工工艺流程

2)中间支护系统的拆除时间应考虑其对后续工序的影响,当围岩变形达到设计允许的范围之内,并在严格考证拆除的安全性之后,方可拆除。中隔壁混凝土拆除时,要防止对初期支护系统形成大的振动和扰动。

3)中隔壁的拆除时间要求同CD法。

4）应配备适合导坑开挖的小型机械设备,提高导坑开挖效率。

4.4.6 双侧壁导坑法(图4.4.6-1):

图4.4.6-1 双侧壁导坑法

1 双侧壁导坑法是指先分部开挖隧道两侧的导坑,并进行初期支护,再分部开挖分部剩余部分的施工方法。双侧壁导坑法施工横断面及纵断面示意见图4.4.6-2。

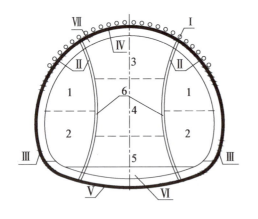 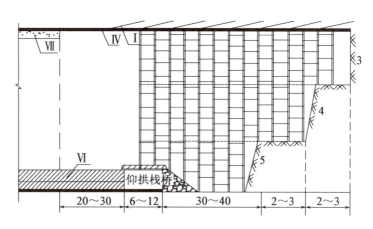

图4.4.6-2 双侧壁导坑法施工横断面及纵断面示意图(尺寸单位:m)

Ⅰ-超前支护;1-左(右)侧导坑上部开挖;Ⅱ-左(右)侧导坑上部支护;2-左(右)侧导坑下部开挖;Ⅲ-左(右)侧导坑下部支护成环;3-中槽拱部开挖;Ⅳ-中槽拱部初期支护与左右Ⅱ闭合;4-中槽中部开挖;5-中槽下部开挖;Ⅴ-中槽下部初期支护与左右Ⅲ闭合;6-拆除临时支护;Ⅵ-仰拱及填充混凝土;Ⅶ-拱墙二次初砌

2 双侧壁导坑法施工工艺流程见图4.4.6-3。

3 施工要求:

1）围岩开挖应尽量采用挖掘机和人工配合无爆破施工,局部需爆破施工时,宜弱爆破施工,以尽量减少对地层的扰动。

2）开挖应严格按规范做好监控量测工作,随时掌握围岩及支护的变形情况,以便及时修正支护参数,改变施工方法;同时,应有较准确的超前地质预报。

3）开挖时的排水工作要认真做好,在保证排水畅通的同时,重点要对两侧临时排水沟铺砌抹面,防止钢支撑基底软化。

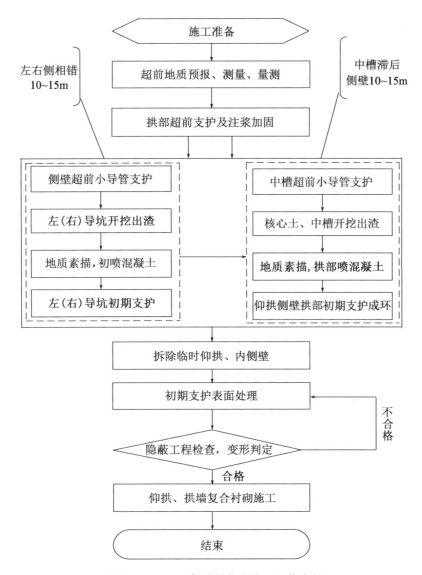

图 4.4.6-3 双侧壁导坑法施工工艺流程

4）侧壁导坑开挖后,应及时施工初期支护并尽早形成封闭环;侧壁导坑形状应近于椭圆形断面,导坑跨度宜为整个隧道跨度的1/3;左右导坑施工时,前后拉开距离不宜小于15m;导坑与中间土体同时施工时,导坑应超前30~50m。

4.5 连拱隧道

4.5.1 一般要求：

1 连拱隧道施工应严格按设计及规范要求采取强有力的超前预支护或预加固措施,以保证开挖安全,还应特别注意地形偏压带来的不利影响。

2 钻爆法施工应采用微振光面爆破和减轻振动爆破技术,以减轻爆破对围岩的扰动。

3 连拱隧道施工应合理安排两侧主洞开挖、初期支护、二次衬砌等工序的先后顺序及步距,减少先行洞、后行洞施工时相互对围岩及结构的扰动,以确保施工安全。

4 连拱隧道开挖主要分为两大类:一类是以按两个独立单洞考虑的开挖法,另一类则是先挖导洞再修建中隔墙的开挖法。目前国内绝大多数连拱隧道的设计与施工都是按照先挖导洞再修建中隔墙考虑的,在具体的工程运用中开挖的实际步骤有多有少,开挖方法可分成:中导洞-双侧壁三导洞开挖法、中导洞-双侧壁三导洞开挖法、中导洞-正洞台阶法开挖、先左洞后右洞开挖法等类型。

5 为确保施工安全,避免二次衬砌出现开裂,要求左右洞应至少各配备一台二次衬砌模板台车。

6 应严格按设计要求进行中隔墙施工,中隔墙施工时应注意预埋与主洞钢支撑连接钢板。

4.5.2 施工工序:连拱隧道总体施工工序如图 4.5.2-1 所示,施工步骤横断面如图 4.5.2-2 所示。

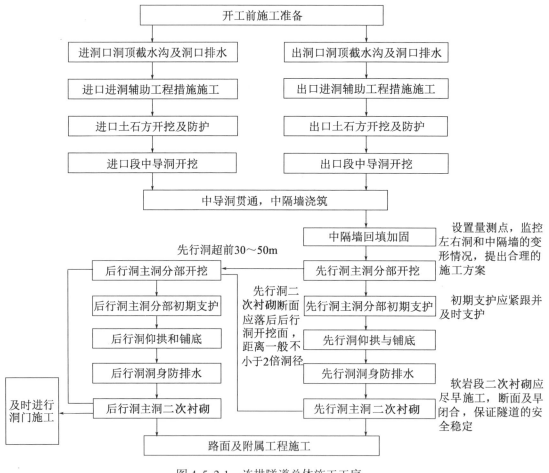

图 4.5.2-1 连拱隧道总体施工工序

4.5.3 施工要点:

1 中导洞开挖:中导洞开挖决定着洞身开挖的方向,也是对洞身围岩的情况先行探察,为主洞的开挖积累资料和摸索情况,可及时与设计围岩进行对比、修正支护结构参数,指导主洞的施工。中导洞是隧道开挖的关键,应准确控制开挖中线,仔细探察岩层情况。

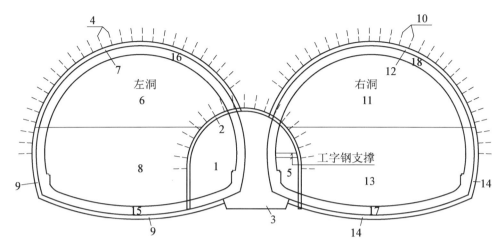

图 4.5.2-2 连拱隧道施工步骤横断面示意图

1-中导洞开挖;2-中导洞初期支护;3-中隔墙施工;4-先行洞超前支护;5-中隔墙横撑;6-先行洞上部开挖;7-先行洞上部初期支护;8-先行洞下部开挖;9-先行洞下部初期支护;10-后行洞超前支护;11-后行洞上部开挖;12-后行洞上部初期支护;13-后行洞下部开挖;14-先行洞下部初期支护;15-先行洞仰拱二次衬砌;16-先行洞二次衬砌;17-后行洞仰拱二次衬砌;18-后行洞二次衬砌

中导洞贯通后,浇筑中隔墙混凝土。墙顶处的防、排水设施应按图纸及规范要求做好施工,以保证防、排水设施能充分发挥其效用,排水畅通,不渗不漏。

2　中隔墙施工:连拱隧道对中隔墙的地基承载能力要求较高,施工时应对地基进行测试,当承载力不能满足要求时,应采取提高地基承载力的措施,如高压加固注浆等。

中隔墙混凝土施工应符合下列要求:

1) 基础底面应清扫干净,无水、无石渣。

2) 墙身内预埋件、排水管应固定牢固,位置准确。施工时应注意预埋与主洞钢支撑连接钢板预埋牢固,并应加强对预埋排水和止水设施的保护。

3) 中隔墙顶部应与中导洞顶紧密接触、回填密实,要采取措施防止中隔墙顶部岩体变形而引起左右洞洞身变形。

4) 中隔墙模板宜采用定型钢模,以保证混凝土浇筑质量、加快中隔墙施工效率。

3　主洞施工:

1) 开挖先行主洞前,后行主洞围岩与中隔墙之间的空隙应按设计要求进行回填密实或支撑顶紧;爆破设计时,不得以中导洞作为爆破临空面。

2) 主洞上拱部的开挖,应在中隔墙混凝土浇筑完毕并达到强度要求后进行。

3) 开挖过程中应及时做好洞内排水系统,严禁洞内积水,软岩地段施工排水沟不应沿边墙设置,宜距墙基脚适当距离,以防止水沟渗水软化墙基底。

4.6　小净距隧道

4.6.1 一般要求:小净距隧道施工应结合中岩墙厚度、围岩条件及埋深等编制专项施工方案。该方案应严格贯彻设计意图,并包括以下内容:中岩墙预加固措施;先行洞和后行洞开挖方法;先行洞和后行洞爆破设计和爆破振动控制;先行洞和后行洞开挖错开距离;先行洞衬砌与后行洞开挖错开距离;各相互影响工序的滞后时间;非小净距隧道施工方案中的其他内容等。

4.6.2 开挖方法:

1 小净距隧道开挖方法的选择,应以减小对中岩墙的扰动,控制中岩墙的围岩变形,保证开挖过程中围岩的稳定性为原则,合理安排施工方法及施工工序。

2 不同围岩条件、不同净距的小净距隧道按设计采用不同的开挖方法,Ⅴ级围岩应以机械开挖为主,辅以微量的弱爆破。

4.6.3 施工要点:

1 小净距隧道爆破应进行专门设计,并进行试爆,测定振动值,严格控制爆破振动;先行洞与后行洞掌子面错开距离应大于2倍隧道开挖宽度。

小净距隧道施工应重点控制爆破对中岩墙的危害。相邻爆破分段起爆间隔时间宜不小于100ms。

对Ⅴ级围岩的中岩墙应预加固后再进行主洞开挖。

2 小净距隧道的开挖和爆破。先行洞的开挖可采用与分离式隧道相同的施工方法,但应重视爆破振动对中岩墙的影响。后行洞的开挖,当采用CD法或CRD法开挖时,宜先开挖靠近中岩墙侧。

3 小净距隧道初期支护、二次衬砌应满足下列要求:

1)先行洞的二次衬砌宜在围岩变形基本稳定后进行,宜落后于后行洞掌子面2倍隧道开挖宽度以上,且在初期支护变形基本稳定(参考值:周边位移速率小于0.2mm/d,拱顶下沉速率小于0.15mm/d)后尽早施工。

2)为确保施工安全,要求每个施工掘进面应各配备一台二次衬砌台车。

4.7 改扩建隧道

4.7.1 原位扩建隧道施工:

1 隧道改扩建工程施工前,应根据既有隧道的结构形式、结构状况、围岩条件等制定衬砌结构的拆除与扩挖施工实施方案。

2 隧道二衬衬砌应分段拆除,每次拆除分段长度宜为2~8m,并不得大于原衬砌一模衬砌长度,不得跨施工缝、变形缝一次拆除。

3 初期支护拆除和扩挖可同步进行,初期支护拆除的分段长度应根据围岩地质条件确定,扩挖后应立即进行新的初期支护施工。

4 采用爆破拆除和扩挖时,应严格控制单段最大爆破药量,二次衬砌爆破拆除时,分段拆除之间应先切割分离。

5 扩挖后的二次衬砌应及早施作。

4.7.2 增建隧道施工：

1 应减少对相邻既有隧道的影响。

2 应根据围岩扰动影响与爆破振速控制的设计要求，确定增建隧道施工方法、循环进尺及爆破参数等。当邻近既有隧道有保通要求时，应制定交通导行措施，爆破前应暂时进行交通管制，爆破完成后恢复，隧道原位扩建时应考虑远离既有隧道侧先起爆。

3 应对相邻既有隧道衬砌裂缝、附属设施松动等隐患进行排查，对影响围岩稳定和衬砌安全的病害地段应先进行加固处治。

4 施工影响区设置交通警示和疏导标志，设专人值守，并制定相应应急预案。

4.7.3 应编制隧道路段施工期交通组织方案，采取的交通组织管控与工程措施应满足施工路段的通行和施工作业安全。

4.7.4 编制隧道施工组织设计、总体风险评估、专项风险评估和专项施工方案前，应调查收集以下资料：既有隧道竣工资料、既有隧道维修加固技术资料以及既有隧道洞门及洞口边仰坡现状、地下水排放状态、衬砌结构、隧道病害现状等。

4.7.5 施工前，应结合根据既有隧道质量检测结果，提出既有隧道结构安全处治加固施工方案，评价改扩建隧道施工对既有隧道安全性的影响，并组织专家评审。

4.7.6 对于增建或扩建隧道因施工扰动危及保通隧道行车安全的段落，应采用型钢拱架等有效方法进行临时加固。

4.8 安全环保

4.8.1 安全管理：

1 危险作业应由施工单位领导带班。施工单位是隧道施工安全风险控制的实施主体，应细化各项风险控制措施，严格按规定落实领导带班。对高度风险（Ⅲ级及以上）隧道，还应由技术和安全管理人员跟班作业，隧道专监每日应巡查，设计代表每周应查访。应将领导带班、跟班作业、监理巡查、设计查访纳入各相关单位年度信用评价内容。施工单位要扎实落实 1km 以上长隧道和特长隧道的"门禁系统"建设，进一步规范 1km 以下隧道人员车辆进出洞管理，随时准确掌握隧道内作业人员和车辆情况，为隧道施工的规范化管理和灾后急救提供保障。

2 高度风险隧道（Ⅲ级及以上）应由建设单位领导包保安全。应加强对高风险工点的管理，规避和控制安全风险。极高风险隧道（Ⅳ级）由建设单位主要领导包保，高度风险隧道由建设单位领导班子成员包保，包保领导每月检查不得少于 1 次。包保隧道发生质量安全事故的，将追究包保领导的责任。建设单位、施工、监理及设计等责任单位人员进入隧道施工现场履行各自职责时，应进行登记。定期保存隧道洞口视频监控记录，有条件的单位要在现场设立人脸识别设备。

3 应按照交通运输部《关于公路水运工程生产安全重大事故隐患挂牌督办制度(暂行)的通知》(交质监发〔2012〕577号)要求,进一步加强事故隐患排查,改进和创新检查方法,把查管理、查体系和查现场、查实物有机结合起来。对查出的问题,要认真分析原因,分清责任,严格按规定处理;实行问题闭环管理,明确整改时限、责任人和复查责任人,逐一登记销号,确保整改到位。一般、较大的工程安全质量隐患由监理单位督促施工单位挂牌督办;重大隐患经项目监理单位确认后向项目建设单位备案;项目监理、建设单位应及时主动向具有管辖权的交通运输主管部门报告。

4 各参建单位应逐级报告事故苗头和未遂事故。施工、监理、地质预报、监控量测、设计和项目业主一旦发现事故苗头和安全隐患,均有责任在第一时间逐级报告。对隧道出现涌突水、突泥、岩爆、塌方、岩溶、煤层、瓦斯、洞口滑坡变形等不良地质灾害苗头,以及隧道班组封洞停工时,各级责任人应在最短时间内根据职责采取对应的处置措施后逐级上报,直至上报至福建省高速公路建设总指挥部。隧道事故苗头和未遂事故逐级报告单应将发生的具体位置、参建单位、发生日期、情况简述和采取的应急措施等内容填写清楚,并及时向相关部门和单位报告。

5 应按规定加强民爆物品运输、存储等各环节管理,严格执行火工品领用和剩余退库制度。严格遵守爆破安全规程,严格落实民爆物品进场施工前的人员清场制度,严禁装药与钻孔作业同时在同一开挖工作面进行。严格民爆物品临时存放及爆破安全警戒管理,隧道洞口应设置栏杆,加强进洞人员管理。春节前,各施工单位要组织专项排查,对民爆物品的流向、涉爆人员及各环节要切实做到情况明、底数清。

6 隧道开工前,施工单位技术人员应向施工作业人员进行安全交底,详细说明隧道施工安全的有关技术要求和重大危险源,安全交底台账应签字确认。

7 监理工程师应按规定认真审查施工单位的安全保证体系,审查隧道施工组织设计中安全技术措施或者专项施工方案是否符合有关规定并监督检查实施情况。

8 在洞身开挖过程中,为保证洞内工作人员施工安全,软弱围岩地段应配备报警设施和足够长度的、可手动拆卸的逃生钢管,要求管壁厚不小于10mm,管径不小于800mm,每节管长宜为1500~2000mm(图4.8.1-1)。高压气、高压水钢管应尽可能靠近掌子面;钻孔台车应常备卸管头的扳手和应急照明工具。

图4.8.1-1 逃生管道示例

9 施工单位应编制应急救援预案,建立应急救援队伍,配备应急救援人员,配置应急救援设备,储备应急救援物资,定期组织应急演练。每个合同段应设置不少于1处抢险物资储备点,不良地质隧道、高瓦斯隧道、水底海底隧道等危险性较大隧道的每个施工口均应专门配置物资储备点。应急抢险救援应遵循的程序如图4.8.1-2所示。

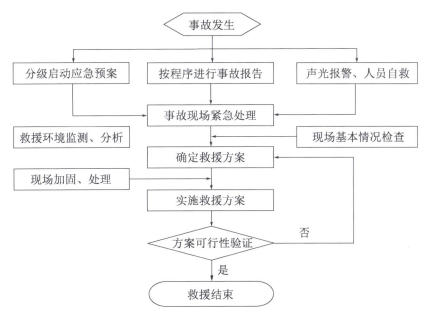

图4.8.1-2 隧道应急抢险救援程序

10 施工单位对建设单位预付的安全生产费用应当专户存储,专款专用,不得挪作他用。实行工程总承包的,总承包单位依法将工程分包给其他单位的,总承包单位应当与分包单位在分包合同中明确由分包单位实施的安全施工措施和分包工程安全生产费用。严禁总承包单位拖欠分包单位的安全生产费用。

监理工程师应认真监督检查施工单位安全生产费用使用情况,监督施工单位是否将安全生产费用用于购买和更新合格的安全防护用具和设施,落实安全施工措施,改善安全生产条件。施工现场存在安全事故隐患、未落实安全生产费用的,监理工程师应立即要求其改正,施工单位拒不改正的,监理工程师应当及时向有关单位报告。

11 应在隧道所有作业台架上安装防护彩灯或反光标识,确保车辆通行安全;在台架底部配置消防器材,便于应急火灾事故,如图4.8.1-3所示。

图4.8.1-3 台车防护彩灯及反光标识示例图

12　爆破作业及火工物品的管理,应遵守现行《爆破安全规程》(GB 6722)的有关规定。对有瓦斯溢出的隧道,应按《煤矿安全规程》要求,并根据隧道的地质情况、瓦斯溢出程度和设备条件,制定适宜的施工方案。

13　运输车辆不得人料混装,洞内运输车辆应限速行驶。洞内倒车与转向,应开灯、鸣笛;洞口、平交道口和狭窄的施工场地,应设置"缓行"标志,必要时宜安排人员指挥交通。

14　隧道施工中应密切注意围岩及地下水等的变化情况,当施工方法或支护结构不适应实际围岩状态时,应采取应急措施,并经批准后变更施工方法或支护结构。

15　隧道内施工设备应靠边停放,远离爆破点;停放点应选择围岩稳定、支护结构已完成、无渗漏水的位置。

16　应急管理要求:

1)建立互动关系。要与附近医院、消防队、邻近施工队伍及其他救援队组织建立互助关系,做好相应的安排,确保在应急救援中及时得到外部救援力量和资源的援助。

2)配备救援器材。应配备必要的救援物资和设备器材,并定期检查、维护和更新,确保应急救援物资和设备能随时投入使用。

3)落实应急培训。隧道内所有施工作业人员应接受应急救援培训。熟悉应急救援程序;掌握必要的自救及互救知识;了解预先指定的主要及备用逃生路线、集合地点及各种避难急救场所位置;掌握警报设备、通信装置、避难器具等的使用方法。

17　夜间施工管理要求:

1)机械设备停放位置应平整,周围应设置明显的警示标志,夜间应设警示灯。

2)夜间施工时,作业现场的预留孔洞、上下道口及沟槽等危险部位应设置夜间警示标志和警示灯。

4.8.2　通风与防尘:

1　应加强隧道施工通风管理。长大隧道的通风方案应经过专项设计和审批,有瓦斯等有害气体的隧道应配置符合规定的通风设备。应加强通风设备的使用管理,独头掘进超过800m的,各作业工序均应保证连续不间断通风,有条件隧道应加装自动记录仪器。

2　隧道施工应采用综合防尘措施,并加强检查:

1)钻眼作业应采用湿式凿岩,当水源缺乏、容易冻结或岩性不适于湿式凿岩时,可采用带有捕尘设备的干式凿岩,采取防尘措施后应达到规定的粉尘浓度。

2)凿岩机钻眼时应先送水后送风。

3)放炮后应进行喷雾、洒水,出渣前应用水淋湿石渣和附近的岩壁。

4)施工人员均应佩戴防尘口罩。

5)长大隧道还应在压入式的出风口设置喷雾器,以增加空气湿度、降低粉尘含量。

3　在整个施工过程中,空气中氧气含量、粉尘浓度、有害气体浓度应按现行《工作场所空气中有害物质监测的采样规范》(GBZ 159)的规定进行监测,允许值应符合现行《公路隧道施工技术规范》(JTG/T 3660)的要求。

4 通风方式的选择与布设应根据隧道长度、施工方法、设备条件、开挖面积以及污染物的含量与种类等情况确定。当主风流的风量不能满足隧道掘进要求时,应设置局部通风系统,并应尽量利用辅助坑道。

5 隧道掘进150m以上,隧道施工应实施管道通风。宜采用大功率风机、大直径风筒压入式通风,长隧道应考虑混合通风方式。单头掘进超过1500m时,应进行专项施工通风设计,并经监理工程师审批。通风应能满足洞内各项作业所需最大风量,每人应供应新鲜空气$3m^3/min$,采用内燃机械作业时,供风量不宜小于$4.5m^3/(min·kW)$。全断面开挖时风速不应小于0.15m/s,导洞内不应小于0.25m/s,但均不应大于6m/s。

6 通风机具安装及维护:

1)隧道通风机及通风管应设置专人定期维护、修理,如有破损,应及时修补或更换。

2)送风式的进风管口应设在洞外,宜在洞口里程30m以外。

3)通风管靠近开挖面的距离应根据开挖面大小确定,送风式通风管的送风口距开挖面不宜大于15m,排风式风管吸风口距开挖面不宜大于5m。

7 洞内应进行有害气体实时检测,洞内有害空气超标时可实时预警。通风管口设置风压自动检测装置,风压不足时,应及时采用措施补强。

8 自动降尘除烟措施要求:

1)隧道施工应采取综合防尘措施,并应配备专用检测设备及仪器。隧道内存在矽尘的作业场所,每月应至少分析空气成分一次、测定粉尘浓度一次。

2)隧道自动降尘除烟后,作业过程中,空气中要求氧气含量不得低于19.5%。

5 初期支护与辅助工程措施

5.1 一般规定

5.1.1 初期支护应配合开挖作业及时进行,确保围岩稳定及施工安全。

5.1.2 当掌子面自稳能力差时,应采取增加辅助工程或改变开挖方法等措施。

5.1.3 软弱围岩地段施工应坚持"先支护(强支护)、后开挖(短进尺、弱爆破)、快封闭、勤量测"的施工原则,初期支护紧跟掌子面。Ⅳ~Ⅵ级围岩初期支护在未落底前,应采用加强锁脚,同时应保证尽早封闭成环。

5.1.4 隧道支护宜根据现场监控量测结果,分析施工中的各种信息,及时调整支护措施和支护参数。初期支护工序流程如图 5.1.4 所示。

5.1.5 施工中应做好地质描述、超前地质预报,应根据围岩条件的变化,因地制宜,提前采取相应措施,做到安全可靠、经济合理。

5.1.6 隧道施工作业人员安全防护应按本指南第 2.4 节规定配备;作业人员的皮肤应避免与速凝剂、树脂胶泥等化学制剂直接接触;作业区粉尘浓度应符合现行《公路隧道施工技术规范》(JTG/T 3660)的要求。

5.1.7 施工中应严格按施工工艺喷射混凝土,初期支护面应平滑圆顺,不留死角。对局部围岩裂隙较发育,岩体较破碎部位应挂网补喷,加强支护,超欠挖较多部位也应及时处置到位,尤其是裂隙夹角较小的位置应采取喷射混凝土补平。

5.1.8 初期支护完成后应及时进行检测,发现背后存在空洞及时注水泥砂浆,保证初期支护与围岩贴合密实。

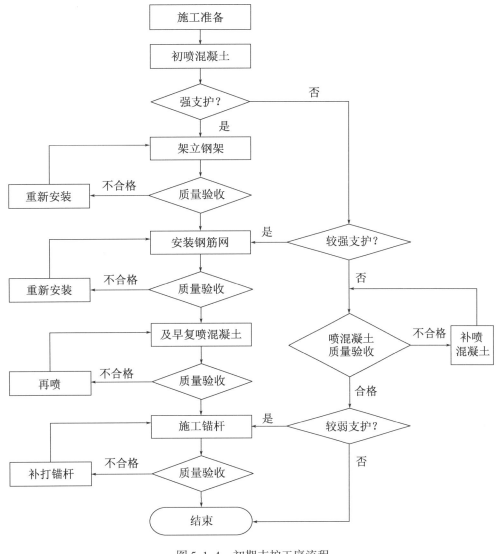

图 5.1.4 初期支护工序流程

5.2 喷射混凝土

5.2.1 一般要求:

1 喷射混凝土应采用湿喷工艺,不得采用干喷工艺,特殊地质条件下不能湿喷时需另行设计。液体速凝剂应采用环保无碱速凝剂。湿喷混凝土的坍落度宜控制在 80～120mm。

2 喷射混凝土配合比应通过试验确定并满足设计强度和喷射工艺的要求。

3 隧道开挖后及时初喷,严禁在裸岩条件下立拱架,硬岩地段复喷作业距离掌子面不得大于 40m,软岩地段初期支护应紧跟掌子面。在每一开挖面应始终最少有一台可正常操作的喷浆机组,在使用前应经检查并批准。还应配备备用设备,当出现故障时,能立即投入使用,保证施工的连续性和及时性。

5.2.2 施工工艺:喷射混凝土施工工艺流程如图 5.2.2 所示。

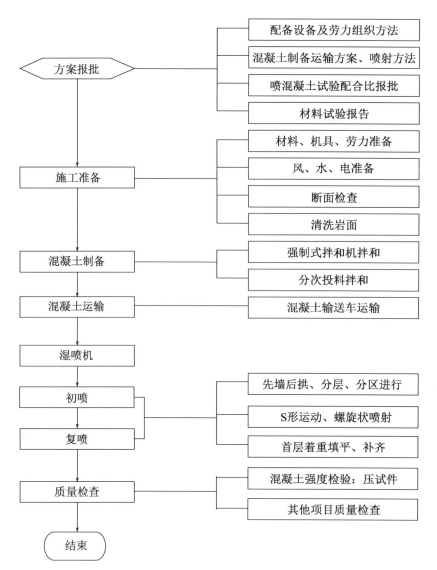

图 5.2.2 喷射混凝土施工工艺流程

5.2.3 施工要点：

1 喷射混凝土作业前应做好下列准备工作：

1）检查开挖断面净空尺寸。

2）设置控制喷混凝土厚度的标志，一般采用埋设钢筋头作标志。

3）检查机具设备和风、水、电等管线路。

4）选用的空压机应满足喷射机工作风压和耗风量的要求；压风进入喷射机前应进行油水分离；输料管应能承受 0.8MPa 以上的压力，并应具有良好的耐磨性能。

5）保证作业区内具有良好通风和照明条件。

6）喷混凝土施工前，应对受喷岩面进行处理。一般岩面可用高压水冲洗受喷面上的浮尘、岩屑，当岩面遇水容易潮解、泥化时，宜采用高压风吹净岩面；若为泥、砂质岩面，可挂设细铁丝网（网格宜不大于 20mm × 20mm、线径宜小于 3mm），用环向钢筋和锚钉或钢架固定，使其密贴受喷面，以提高喷混凝土的附着力。喷混凝土前，宜先喷一层水泥砂浆，待终凝后再喷混凝土。

7)岩面有渗水出露时,应先进行引排处理。当局部出水量较大时,可采用埋管、凿槽、树枝状排水盲沟等措施,将水引导疏出后再喷射混凝土,大股涌水宜采用注浆堵水后再喷射混凝土,混凝土中可根据试验结果增添外加剂,以确保喷射混凝土质量。

8)喷射设备应能连续均匀混料并喷射。混料设备应严格密封,以防外来物质侵入。往混合料中添加钢纤维时,宜采用钢纤维播料机。

9)应埋设标志或利用锚杆外露长度以控制喷射混凝土的厚度,确保最小厚度满足设计要求。

2 混凝土原材料:

1)水泥:宜选用硅酸盐水泥或普通硅酸盐水泥。特殊情况下可采用特种水泥,采用特种水泥时应进行现场试验,指标应满足设计要求。

2)粗集料:应采用连续级配、坚硬耐久的碎石,最大粒径不应大于12mm,其压碎值应不大于16%,针片状颗粒含量不大于25%,含泥量不大于2.0%。

3)细集料:要求采用连续级配、坚硬耐久、颗粒洁净、粒径小于4.75mm的河砂或机制砂,细度模数宜大于2.5,其含泥量不大于5.0%。

4)外加剂:应对混凝土的强度及围岩的黏结力基本无影响,对混凝土和钢材无腐蚀作用,易于保存,不污染环境,对人体无害。外加剂使用前应进行相应性能试验。凡喷射混凝土拟用于堵塞漏水灌浆,或要求支撑加固尽快达到强度值,可掺加早强剂于混合料中。

5)速凝剂:应结合水泥品种、水灰比等,根据不同掺量的混凝土试验选择掺量,使用前应做好速凝效果试验,要求初凝不应大于3min,终凝不应大于10min。应采用无碱液体速凝剂,严禁采用粉体速凝剂。

6)水:应采用清洁的饮用水,pH值不小于4.5、硫酸盐含量(以SO_4^{2-}计)不超过1%的清水(按质量计)。在喷射混凝土的用水中,含有的有机物和无机物应以不损害混凝土的质量为准。

3 喷射作业:

1)隧道开挖后应立即对岩面喷射混凝土,以防岩体发生松弛。

2)喷射作业应分层、分段、分片依次进行,喷射顺序自下而上进行,每次作业区段纵向长度不宜超过6m。

3)分层喷射时,一次喷混凝土的厚度不小于40mm,后一层喷射应在前一层混凝土终凝后进行,若终凝1h后再喷射或喷射前混凝土表面蒙上粉尘、杂物,应先用水清洗喷射表面。喷射作业应以适当厚度分层进行,后一层喷射应在前一层混凝土终凝后进行。

4)喷射混凝土作业需紧跟开挖面时,下次爆破距喷射混凝土作业完成时间的间隔不小于4h。

5)喷射混凝土混合料应随拌随喷,回弹物不得重新用作喷射混凝土材料。

6)一次喷射厚度应根据设计厚度和喷射部位确定,初喷厚度不小于20~50mm。复喷一次喷射厚度拱顶不得大于100mm、边墙不得大于150mm。首层喷混凝土时,要着重填平补齐,将小的凹坑喷圆顺。岩面有严重坑洼处采用锚杆吊模模喷混凝土处理。

7)喷射混凝土作业时喷嘴应垂直岩面;喷嘴距岩面距离以0.6~1.2m为宜,喷射料束与受喷面垂线成5°~15°夹角时最佳;喷射时,应使喷射料束螺旋形运动;喷射机工作压力应控制在0.2~0.7MPa之间,并根据现场试喷试验调整。

8)喷混凝土应强化工艺管理,降低喷射回弹率。喷混凝土的回弹量:墙部不应大于15%,拱部不应大于25%。

9)喷射混凝土应由两侧拱脚向上对称喷射,并将钢架覆盖、保证将其背面喷射填满,黏结良好。拱脚基础喷射混凝土要密实,严禁悬空。根据具体情况,变换喷嘴的喷射角度和与受喷面的距离,将钢架、钢筋网背后喷填密实,如图5.2.3-1、图5.2.3-2所示。必要时钢架背后采用注浆充填,并不得填充异物。

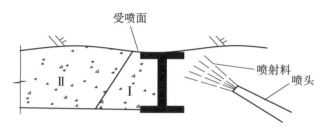

图5.2.3-1 钢架背后的喷射角度

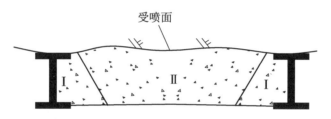

图5.2.3-2 钢架之间的混凝土喷射顺序

10)在喷边墙下部(台阶法施工上半断面拱脚)及仰拱时,需将上半断面喷射时的回弹物清理干净,防止将回弹物卷入下部喷层中形成"蜂窝",从而降低支护能力。

11)喷混凝土终凝2h后,应喷水养护,养护时间不少于7d;隧道内环境温度低于5℃时,不得喷水养护。

12)冬季施工时,喷射混凝土作业区的温度不应低于5℃,混合料进入喷射机的温度不应低于5℃,在结冰的岩面上不得进行喷射混凝土作业。混凝土强度未达到6MPa前不得受冻。

5.3 锚杆

5.3.1 一般要求:

1 隧道锚杆施工质量执行工后检测。挂防水板之前,项目业主应委托有资质的检测单位对隧道锚杆长度、数量、注浆饱满度、拉拔力进行检测,抽检频率不低于1%。

2 锚杆钻孔应符合下列规定:

1)钻孔机具应根据锚杆类型、规格及围岩等情况选择。

2)按设计要求定出孔位,其允许偏差为±150mm。

3)钻孔应与围岩壁面或其所在部位岩层的主要结构面垂直。

4)钻孔应圆而直,砂浆锚杆的钻孔直径应大于杆体直径 15mm。

5)锚杆钻孔深度与锚杆设计长度允许偏差值为 ±50mm。

3 所有锚杆都应安装垫板,垫板应与喷射混凝土紧密接触。

4 局部锚杆在围岩初喷后及时施工,个别作为钢筋网挂点的锚杆,应用土工布包裹锚杆头,确保垫板能够在复喷完成后安装。根据规范要求,锚杆施作顺序为:无钢架地段,锚杆在初喷混凝土、挂钢筋网后施作,或在初喷混凝土、挂钢筋网、复喷后施作;有钢架地段,锚杆在初喷混凝土、挂钢筋网、立钢拱架、复喷混凝土后施作。锚杆位置标识如图 5.3.1 所示。

图 5.3.1 锚杆位置标识图

5 隧道现场监理工程师应准备锚杆验收专用记录本。对每次锚杆的检查验收,应详细注明锚杆施作的里程桩号、围岩等级、锚杆施作情况、设计数量、施作数量等。每期锚杆计量应附隧道现场监理工程师签认的锚杆验收记录复印件。

6 对中空锚杆的注浆,监理工程师应要有旁站记录,严禁未注浆行为。

7 全长黏结式锚杆安设后不得敲击。

8 锚杆施工的质量(长度、黏结材料饱满度)可采用无损检测;端锚式锚杆应作锚杆扭力矩-锚固力关系试验,并用标定的力矩拧紧螺母(垫板)。

9 水下隧道、地下水有腐蚀作用的隧道,锚杆和锚固砂浆应采取相应的防腐措施。

10 锚杆杆体材料安装前进行清污除锈工作、钻孔完成后按设计要求进行清孔。

5.3.2 施工工序:中空注浆锚杆施工工序如图 5.3.2 所示,其他种类的锚杆施工工序流程基本相同,可参照执行。

5.3.3 施工要点:

1 锚杆施工应在围岩喷混凝土后进行,以保证锚杆垫板有较平整的基面。

2 钻孔深度不应小于锚杆杆体有效长度,但深度超长值不应大于 100mm。

3 钻孔宜保持直线,系统锚杆钻孔方向为开挖轮廓法线方向,垂直偏差不应大于 20°;局部锚杆应尽可能与岩层层面或主要结构面成大角度相交。

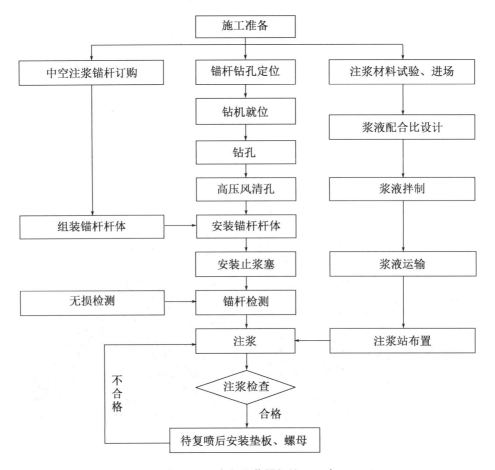

图 5.3.2 中空注浆锚杆施工工序

4 锚杆深度要求:锚杆孔深与设计锚杆长度允许偏差为 ±50mm。

5 锚杆材料应满足设计要求,并符合下列规定:

1)锚杆杆体宜选用 HRB335、HRB400 钢,杆体直径为 20～28mm,杆体屈服抗拉力不小于 150kN,强屈比不小于 1.2;

2)锚杆用的各种水泥砂浆强度等级不应低于 M20;

3)锚杆垫板材料宜采用 Q235 钢材。

6 安装垫板时,应确保垫板与锚杆轴线垂直,确保垫板与喷射混凝土层紧密接触。当锚杆孔的轴线与孔口面不垂直时,可采用以下两种方法进行调整:一是在螺母下安装楔形垫块;二是在垫板后用砂浆或混凝土找平。锚杆砂浆凝固前不得加力。

7 普通水泥砂浆锚杆:

1)普通水泥砂浆锚杆,施工顺序为先灌浆后插入锚杆。当向上倾斜的拱部锚杆施工时,应及时安装止浆塞,防止砂浆泄漏。

2)普通水泥砂浆锚杆宜选用螺纹钢筋作锚杆。锚杆外露端应加工 120～150mm 的标准螺纹,并采用配套标准螺母。

3)砂浆配合比(质量比)水泥:砂:水宜为 1:1～1.5:(0.45～0.5),砂的粒径不宜大于 3mm。

4)砂浆应随拌随用,一次拌和的砂浆应在初凝前用完,已初凝的砂浆不得使用。

5）采用单管注浆工艺，灌浆管应插至距孔底 50～100mm 处，开始注浆后反复将注浆管向孔底运送，使砂浆将孔内多余的水挤压出孔外，之后随水泥砂浆的注入缓慢匀速拔出。灌浆压力不宜大于 0.4MPa。

6）注浆开始或中途暂停超过 30min 时，应用水润滑灌浆罐及其管路。

7）砂浆灌注后应及时插入锚杆杆体，锚杆杆体插到设计深度时，孔口应有砂浆流出；若孔口无砂浆流出，则应将杆体拔出重新灌浆。全长黏结锚杆应灌浆饱满。

8　中空注浆锚杆：

1）对中空锚杆的注浆，监理工程师应要有旁站记录，严禁未注浆行为。

2）中空注浆锚杆施工时应保持中空通畅，并留有专门排气孔。螺母应在砂浆初凝后拧紧，并使垫板与喷射混凝土面紧密接触。

3）中空注浆锚杆应有锚头、垫板、螺母、止浆塞等配件。

4）注浆过程中，注浆压力应保持在 0.3MPa 左右，待排气口出浆后，方可停止灌浆。

9　药包锚杆：

1）药包应进行泡水检验。

2）不应使用受潮结块的药包。

3）药包砂浆的初凝时间不应小于 3min，终凝时间不应大于 30min。

4）药包宜在清水中浸泡，随用随泡。

5）药包宜采用专用工具推入钻孔内，并应防止中途药包纸破裂。

6）锚杆插到设计深度时，孔口应有浆液溢出，孔口无浆液流出的或杆体插不到设计深度时，应将杆体拔出，清孔，重新安装。

10　自进式锚杆：自进式锚杆是在锚孔成孔困难或有严重塌孔的底层中使用，注浆施工要求与中空注浆锚杆要求相同。

11　锚杆安装前，应检查杆体长度，楔缝、楔块、螺母尺寸和配合情况。锚杆钻孔直径应大于杆体直径 15～18mm，锚杆和楔块同时送入孔内，楔块不应偏斜或脱落，楔块到达孔底时，用锤敲击锚杆端头，使锚头楔紧，按上垫板，拧紧螺母。螺母拧紧力矩不应小于 100N·m，锚杆施工完成 24h 后应再次紧固，并于覆盖前最终检查紧固。

12　作永久支护锚杆使用时，安装前应安装注浆管和排气管，锚杆发挥作用后应注满水泥砂浆。

5.4　钢架

5.4.1　一般要求：

1　钢架应分节段制作，每节段长度应根据设计尺寸及开挖方法确定，不宜大于 4m。每片节段应编号，注明安装位置。型钢钢架应采用冷弯法制作成型（图 5.4.1-1），宜在工厂加工。格栅钢架应在工厂生产制造，所有钢筋连接节点必须采用双面对称焊接。

2　拱架接头钢板厚度及螺栓规格应符合设计要求；接头钢板螺栓孔应采用机械钻孔（图 5.4.1-2），孔口采用砂轮机清除毛刺和钢渣，要求每榀之间可以互换，严禁采用气割冲孔。

图 5.4.1-1　工字钢数控冷弯机

图 5.4.1-2　钢板钻孔机

3　钢架加工尺寸应符合设计要求,其形状应与开挖断面相适应。

4　不同规格的首榀钢架加工完成后,应放在平地上试拼,周边拼装允许偏差为±30mm,平面翘曲应小于20mm。当各部尺寸满足设计要求时,方可批量生产。

5.4.2　施工工序:钢架安装施工工序流程如图5.4.2所示。

5.4.3　施工要点:

1　钢架安装前应检查开挖断面轮廓、中线及高程。

2　钢架安装应确保两侧拱脚应放在牢固的基础上。安装前应将底脚处的虚渣及其他杂物彻底清除干净;脚底超挖、拱脚高程不足时,应采用喷射混凝土填充;拱脚高度应低于上半断面底线15~20cm,当拱脚处围岩承载力不够时,应向围岩方向加设钢垫板、垫梁或浇筑强度等级不低于C20的混凝土以加大拱脚接触面积。

3　钢架应分节段安装,节段与节段之间应按设计要求连接,钢架应尽量减少接头个数。连接处用系筋固定(系筋为长1m,φ22mm锚杆钢筋),对沉降要求较高的段落,应加强锁脚锚杆(管),以加强该处的连接强度,连接钢板平面应与钢架轴线垂直,连接钢板连接紧密(图5.4.3-1)。

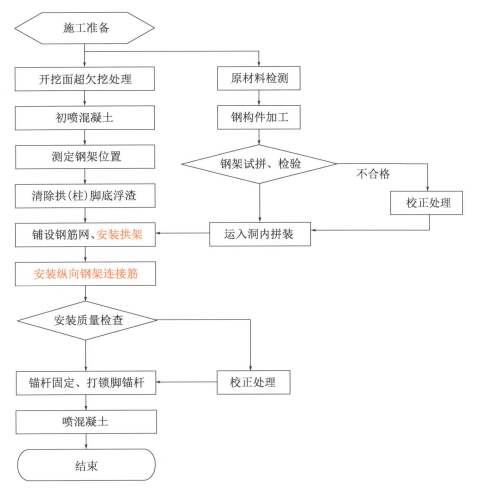

图 5.4.2 钢架安装施工工序流程

图 5.4.3-1 钢架连接示例图

4 相邻两榀钢架之间应采用纵向钢筋连接，连接钢筋直径不应小于18mm，连接钢筋间距不应大于1.0m。

5 钢架立起后，根据中线、水平将其校正到正确位置，然后用定位筋固定，并用纵向连接筋将其和相邻钢架连接牢靠。钢架安装时应垂直于隧道中线，竖向不倾斜、平面不错位，不扭曲。上、下、左、右允许偏差±50mm，钢架倾斜度允许偏差为±2°。

6 钢架应贴近初喷射混凝土面安装，当钢架和围岩初喷射混凝土面之间有间隙时，

— 71 —

应采用钢楔块或木楔块楔紧,并用喷射混凝土充填密实。有多个楔块时,楔块和楔块的间距不宜大于2m。

7 钢架应严格按设计架设,间距应符合设计要求,拱架安装位置采用红油漆进行标注,并编写号码。

8 下台阶开挖时,预留洞室的位置也要按设计要求进行支护,只有在施工二次衬砌时方可拆除,以确保安全。

9 钢架安装就位后,钢架与围岩之间的间隙应用喷射混凝土充填密实,并使钢架与喷射混凝土形成整体。喷射混凝土应由两侧拱脚向上对称喷射,并将钢架覆盖,临空一侧的喷射混凝土保护层厚度应不小于20mm。

10 钢架应经常检查,如发现破裂、倾斜、弯扭、变形以及接头松脱漏空等异状,应立即加固。

11 钢架的抽换、拆除,应本着"先顶后拆"的原则进行,防止围岩松动坍塌。

12 拱架安装台车施工工艺:隧道拱架安装台车施工工序流程如图5.4.3-2所示。

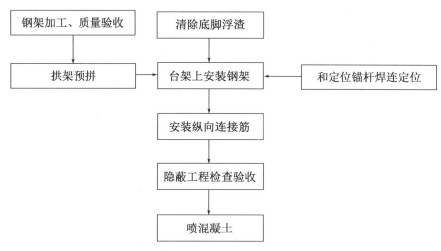

图5.4.3-2 隧道拱架安装台车施工工序流程

13 钢架节段两端应焊接连接钢板,连接钢板平面应与钢架轴线垂直。钢架节段与节段之间应通过连接钢板用螺栓连接。

5.5 钢筋网

5.5.1 一般要求:

1 材料应满足设计要求,钢筋网钢筋在使用前应调直、清除锈蚀和油渍。

2 钢筋网铺设原则上应在施工现场进行铺设,如受开挖进尺影响,可采用模具进行加工钢筋网。

5.5.2 施工要点:

1 应在初喷一层混凝土后再进行钢筋网的铺设。

2 钢筋网宜随受喷面起伏铺设,与受喷面间隙宜控制在20~30mm之间,钢筋网每个交叉点都应进行焊接或绑扎。

3 钢筋网应与锚杆或其他固定装置连接牢固,在喷射混凝土时不得晃动。

4 钢筋搭接长度不得小于 30d(d 为钢筋直径),并不得小于一个网格长边尺寸。

5 采用双层钢筋网时,双层钢筋网间距应按设计要求,第二层钢筋网应在第一层钢筋网被喷射混凝土全部覆盖后铺挂。

5.6 超前锚杆支护

5.6.1 一般要求:

1 超前锚杆搭接长度应大于 1m,锚杆插入孔内的长度不得小于设计长度。

2 超前锚杆宜和钢架支撑配合使用,外插角宜为 5°~12°。锚杆长度宜为 3~5m,并应大于循环进尺的 2 倍。

3 锚杆材料符合本指南第 5.3 节的要求。

4 当超前锚杆和钢架配合使用时,宜先安装钢架,再穿过钢架腹部钻孔、安装锚杆,以利于钢架顺利安装。

5.6.2 施工工序:超前锚杆施工工序流程如图 5.6.2 所示。

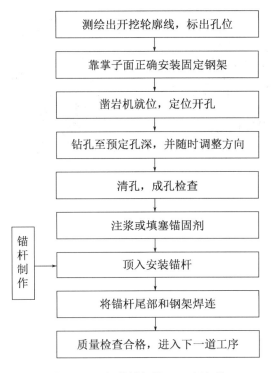

图 5.6.2 超前锚杆施工工序流程

5.6.3 施工要点:

1 测量开挖面中线、高程,画出开挖轮廓线,并点出锚杆孔位,孔位允许偏差为 ±20mm。

2　钻孔台车或凿岩机就位,对正孔位钻孔,达到设计要求后,用吹管、掏勺将孔内碎渣和水排出。

3　超前锚杆一般采用砂浆锚杆,锚杆体用螺纹钢筋加工,将钢筋头部加工成扁铲形或尖锥形。

4　超前锚杆安装:

1)注浆或填塞锚固药卷:将早强锚固剂药卷放在水中,泡至软而不散时取出,再人工持炮棍将药卷塞满至孔深1/3～1/2处。注浆施工按本指南第5.3节执行。

2)安装锚杆:用人工持铁锤将锚杆打入,以锚杆达孔底且孔口有浆液流出为止。

5　将锚杆的尾部和系统锚杆的环向钢筋或钢架焊连,以增强共同支护作用。

6　锚杆沿开挖轮廓线周边均匀布置,尾端与钢架焊接牢固,锚杆入孔长度符合要求。

5.7　超前小导管预注浆支护

5.7.1　一般要求:

1　超前小导管直径应按设计要求选用,并采用超前小导管自动加工设备(图5.7.1)进行加工,长度应满足设计要求,纵向搭接长度应不小于1.0m。

图5.7.1　超前小导管自动加工设备

2　小导管注浆要有旁站记录,记录内容应包含以下内容:施作里程范围、小导管根数、长度、最大单根注浆量、最小单根注浆量、总注浆量、注浆控制压力(注浆量以使用水泥袋数或千克为单位)。同时,小导管、管棚的安装和注浆要有影像资料。严禁未注浆行为。

5.7.2　施工工序:超前小导管预注浆施工工序流程如图5.7.2所示。

5.7.3　施工要点:

1　和钢架联合支护时,宜从钢架腹部穿过,尾端与钢架焊接。超前小导管沿隧道纵向开挖轮廓线向外以10°～15°的外插角钻孔,将小导管打入地层。导管环向间距宜为200～500mm,搭接水平投影长度应不小于1m。超前小导管和钢架联合支护如图5.7.3-1所示。

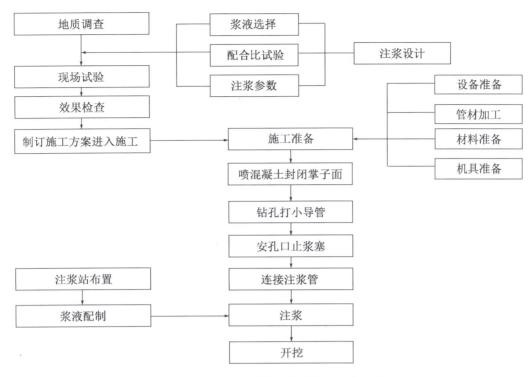

图5.7.2 超前小导管预注浆施工工序流程

2 钻孔、安装小导管后,管口用麻丝和锚固剂封堵钢管与孔壁间空隙,管口安装封头和孔口阀(图5.7.3-2),并能承受规定的最大注浆压力和水压。

图5.7.3-1 超前小导管和钢架联合支护　　图5.7.3-2 管口封头和孔口阀示例图

3 注浆前,应对开挖面及周边喷射混凝土封闭,以防止注浆作业时,发生孔口跑浆现象。

4 注浆压力宜为0.5～1.0MPa,注浆按由下至上的顺序施工,浆液先稀后浓、注浆量先大后小。

5 结束标准:以终压控制为主,注浆量校核。当注浆压力为0.7～1.0MPa时,持续15min即可终止。

6 注浆后至开挖的时间间隔,应视浆液种类决定。当采用单液水泥浆时,开挖时间为注浆后8h,采用水泥-水玻璃浆液时为4h左右。

7 超前小导管施工完成8h后方可进行开挖。

5.8 超前管棚支护

5.8.1 一般要求：

1 超前管棚支护的长度和钢管外径应满足设计要求。纵向搭接长度应不小于3m。

2 管棚钢管外径宜为 $\phi 70 \sim 180$mm，钢管中心间距宜为管径的 2～3 倍。外插角宜为 $0.5° \sim 2°$。单根钢管长度宜为 4～6m。

3 管棚钢管应按设计要求插入钢筋笼或钢筋束，并应注满强度等级不低于M20的水泥砂浆。

5.8.2 施工工序：超前管棚引孔顶入法施工工序流程如图 5.8.2 所示。

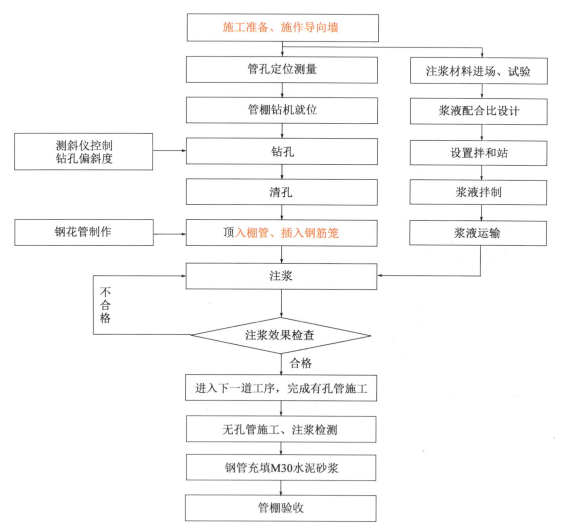

图 5.8.2 超前管棚引孔顶入法施工工序流程

5.8.3 施工要点：

1 沿隧道开挖轮廓线纵向钻设管棚孔，其外插角以不侵入隧道开挖轮廓线越小越好。孔深不宜小于10m，孔径比管棚钢管直径大20～30mm，钻孔顺序由高孔位向低孔位进行。

2 接长管棚钢管时,接头应采用厚壁管箍,上满丝扣,丝扣长度不应小于150mm。接头应在隧道横断面上错开。

3 管棚定位:以套拱内预埋的孔口管定向、定位,严格控制其上抬量和角度。

4 钻孔施工采用管棚钻机,地层易于成孔时可采用引孔顶入法施工,否则应采用跟管钻进工艺。为保证长管棚施工质量,在拱脚部位,选2个孔作为试验孔,找出地层特点,并进行注浆和砂浆充填试验。

5 安装钢管时,先打有孔钢花管,注浆后再打无孔钢管。每钻完一孔便顶进一根钢管。

6 为确保注浆质量,在钢花管安装后,管口用麻丝和锚固剂封堵钢管与孔壁间空隙,钢管自身利用孔口安装的封头将密封圈压紧,压浆管口上安装三通接头。

7 用双液注浆时,应按先下后上,先单液浆、再双液浆,先稀后浓的原则注浆。注浆量由压力控制,初压为0.5~1.0MPa,终压为2.0MPa。达到结束标准后,停止注浆。

8 注浆后,扫排管内胶凝浆液,用水泥砂浆紧密充填,增强管棚的刚度和强度;对于非压浆孔,直接充填即可。

5.9 超前帷幕注浆

5.9.1 一般要求:

1 注浆段的长度应满足设计要求,宜为15~30m。

2 注浆管的布置角度及深度应符合设计要求。

3 注浆管应根据设计要求选用相应规格的钢管加工。

4 注浆材料及浆液配合比应根据地质条件、注浆目的、注浆工艺等因素确定。一般情况下注浆材料应选用水泥系浆材,不宜采用化学浆材,水泥一般选用普通硅酸盐水泥。采用水泥浆液时,水灰比可采用0.5:1~1:1。采用水泥-水玻璃浆液,应根据胶凝时间配制。一般水泥浆液的水灰比为0.5:1~1:1,水玻璃浓度为25~40波美度,水泥浆与水玻璃的体积比宜为1:1~1:0.3。

5 注浆压力应根据岩性、施工条件等因素在现场试验确定。注浆过程中应根据浆液扩散情况、注浆量、注浆压力等参数调整注浆材料和配合比。

6 注浆方式可选用前进式、后退式或全孔式,注浆顺序宜为先内圈孔、后外圈孔,先无水孔、后有水孔,从拱顶顺序向下进行。

1)前进式注浆:当钻孔遇到较大涌水时,应暂停钻孔,待压浆后钻孔,重复钻孔、注浆。

2)后退式注浆:当钻孔中涌水量较小时,则钻孔可直接钻到设计深度,然后从孔底向孔口分段注浆。

3)全孔式注浆:当钻孔直到孔底,然后一次注浆完毕。

7 对于黏土质围岩,黏土颗粒细、孔隙小而多、黏聚力高,应采用劈裂注浆加固,通过计算确定注浆压力。

8 对于砂土质围岩,土体孔隙多、土颗粒间连接力弱、渗透性强,应采用渗透注浆加固,注浆压力宜为 0.5～1.5MPa。

9　深度 8～15m 的浅孔可采用钻孔台车或重型风钻钻孔,当孔深超过 15m 时,则应采用地质钻机钻孔。

5.9.2　施工工序:超前帷幕注浆施工工序流程如图 5.9.2 所示。

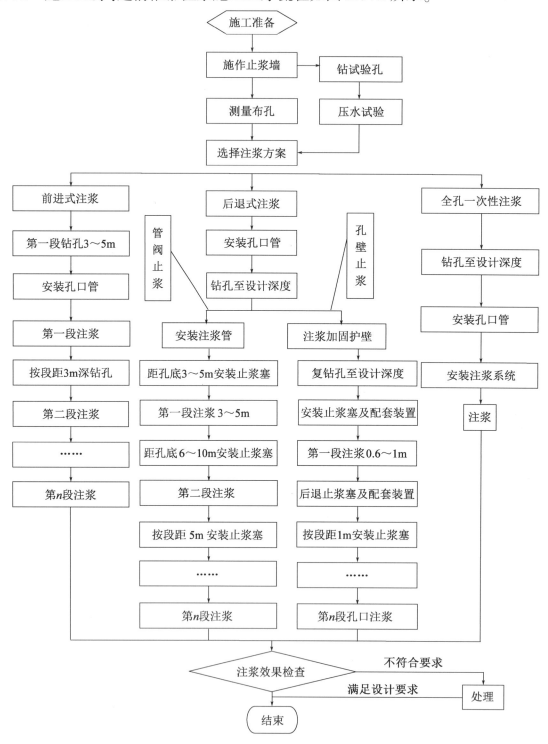

图 5.9.2　超前帷幕注浆施工工序流程

5.9.3 施工要点：

1 超前帷幕注浆施工应符合下列规定：

1）注浆段的长度应满足设计要求。

2）注浆管的布置角度及深度应符合设计要求。

3）注浆孔的布置角度及深度应符合设计要求。

4）注浆管应根据设计要求选用相应规格的钢管加工或袖阀管。

5）注浆压力应根据岩性、施工条件等因素在现场试验确定。

6）注浆方式可选用前进式、后退式或全孔式，注浆顺序宜为先内圈孔、后外圈孔，先无水孔、后有水孔，从拱顶顺序向下进行。

7）注浆作业面与注浆堵水段之间应有足够的地层安全防护厚度，当围岩稳定性较差时，应设止浆墙，止浆墙应为现浇混凝土墙，厚度不应小于0.8m。

2 钻孔施工：

1）钻孔顺序宜先钻内圈孔、后外圈孔，先无水孔、后有水孔。

2）钻机安装应平整稳固，保证钻杆中心线与设计注浆孔中心线相吻合，在钻孔过程中要经常检查校正钻杆方向。注浆孔的孔底偏差应不大于孔深的1/40，检查孔的孔底偏差应不大于孔深的1/80，其他钻孔的孔底偏差应小于孔深的1/60或符合设计规定。

3）钻孔2m后应安装孔口管或注浆管，测量水压力及涌水量，并按表格填写记录，主要内容有按孔号、进尺、起始时间、岩石裂隙发育情况、出现涌水位置、涌水量和涌水压力等。

4）在涌水量大、压力高的地段钻孔时，应先设置带闸阀的孔口管，当出现大量涌水时，拔出钻具，关闭孔口管上的闸阀，再进行注浆；当开挖工作面围岩破碎，应先设置止浆墙和孔口管，孔口管埋入止浆墙深度随最大注浆压力而定，孔口管宜为直径不小于90mm无缝钢管。

3 注浆作业：

1）注浆前应进行压水或压入稀浆试验，判断地层的吸浆和扩散情况，确定浆液种类、浓度和注浆压力，发现与设计不符时，应立即调整，同时冲洗钻孔，检查止浆塞效果和注浆管路是否有跑、漏水现象，注浆管路可参照图5.9.3-1进行连接。

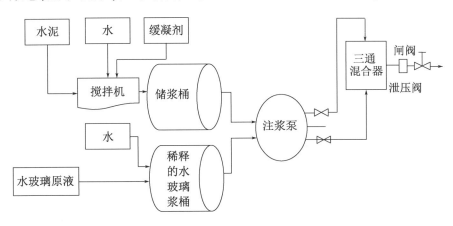

图5.9.3-1 压水试验注浆管路示意图

2)在涌水量大、压力高的地段钻孔时,应先设置带闸阀的孔口管;当出现大量涌水时,拔出钻具、关闭孔口管上的闸阀,做好准备后进行注浆;当掌子面围岩破碎时,应先设置止浆墙和孔口管。孔口管埋入止浆墙深度应根据最大注浆压力而定;孔口管应为无缝钢管,直径不宜小于90mm。

3)安装注浆管时,应在注浆管孔口处用胶泥和麻丝缠绕,使之与钻孔孔壁充分挤压塞紧,实现注浆管的止浆与固定。胶泥凝固到有足够强度后方可进行注浆。

4)分段注浆时,应设置止浆塞,止浆塞应能承受注浆终压的要求。

5)注浆过程中应做好施工记录,施工记录应包括孔位、孔径、孔深、浆液配合比、注浆压力、注浆量、跑浆、串浆等情况的说明。发现问题应及时处理。

6)浆液的浓度、胶凝时间应符合设计要求,不得任意变更。

7)进行双液浆注浆时,若发生停电等紧急情况,应及时拆除注浆管道,防止凝固堵管。

4 注浆结束条件:

1)单孔结束条件:注浆压力达到设计终压并稳定10min,且进浆速度小于开始进浆速度的1/4,或注浆量不小于设计注浆量的80%。

2)全段结束条件:所有注浆孔均已符合单孔结束条件,无漏注情况。

5 注浆后应对注浆效果进行检查,如未达到要求,应进行补孔注浆。注浆效果的检查方法通常有三种:

1)分析法:分析注浆过程,查看每个孔的注浆压力、注浆量是否达到设计要求;注浆过程中漏浆、跑浆是否严重,从而以浆液注入量估算注浆扩散半径,分析是否与设计相符。

2)检查孔法:用地质钻机按设计孔位和角度钻检查孔提取岩芯进行鉴定,同时测定检查孔的吸水量(即钻机漏水量),单孔时应小于$1L/(min·m)$;全段应小于$20L/(min·m)$。

3)物探无损检测法:用地质雷达、声波探测仪等物探仪器对注浆前后岩体声速、波速、振幅及衰减系数等进行无损探测来判断注浆效果。

6 注浆结束后,经检查确认浆液固结体达到设计规定的强度后才进行隧道开挖。

7 当注浆施工中出现异常情况时,应采取下列方法进行处理:

1)钻孔过程中遇见突泥、突水情况,立即停钻,进行注浆处理。

2)在开挖工作面有小裂隙漏浆,先用水泥浸泡过的麻丝填塞裂隙,并调整浆液配合比,缩短凝胶时间;若仍跑浆,在漏浆处用风钻钻浅孔,以使注浆固结。

3)当注浆压力突然升高,则只注纯水泥浆或清水,待泵压恢复正常时,再进行双液注浆;若压力没恢复正常,则停止注浆,检查管路是否堵塞。

4)当进浆量很大,注浆压力长时间不升高时,应调整浆液浓度及配合比,缩短凝胶时间,进行小泵量、低压力注浆,使浆液在岩层裂隙中有相对停留时间,便于凝胶;有时也可以进行间歇式注浆,但停留时间不能超过浆液凝胶时间。

5)注浆发生堵管时,先打开孔口泄压阀,再关闭孔口进浆阀,然后停机,查找原因,迅速进行处理。

6)注浆结束时,应先打开泄压管阀门,再关闭进浆管阀门并用清水将注浆管冲洗干净后方可停机。

超前帷幕注浆如图5.9.3-2所示。

图5.9.3-2 超前帷幕注浆

5.10 超前核心土加固

5.10.1 一般要求：

1　在软弱地层采用大断面或全断面开挖、浅埋地段严格控制地面沉降的隧道经论证后可采用超前玻璃纤维（GFRP）锚杆对掌子面前方进行加固（图5.10.1）。

图5.10.1 超前核心土加固

2　已采用超前管棚或超前小导管支护时，加固范围宜在掌子面范围内，锚杆间距宜为1.0～3.0m。

3　加固纵向长度宜为10～30m，每一循环搭接长度应不小于6.0m。

4　全螺纹实心锚杆直径宜为18～32mm；全螺纹中空锚杆直径宜为18～60mm。地质条件较差时采用中空注浆锚杆，注浆材料采用水泥浆或水泥砂浆。

5　应做好掌子面排水，并监测掌子面纵向挤出位移。

5.10.2 施工工序和施工要点：超前玻璃纤维（GFRP）锚杆施工工序和施工要点参照本指南第5.3节。

5.11 地表加固

5.11.1 地表砂浆锚杆是对地层预加固的一种方法,它适用于浅埋、洞口地段和某些偏压地段。其施工工序及施工要点参照本指南第5.3节。

1 锚杆宜垂直地表设置,根据地形及岩层层面具体情况也可倾斜设置。
2 锚杆外露头宜加垫板锚固,垫板尺寸应不小于100mm×100mm×10mm。
3 地表设连系梁时,锚杆外露头应与连系梁焊接。
4 锚固砂浆强度达到设计强度70%后方可进行隧道开挖。

5.11.2 地表注浆是对隧道浅埋、围岩稳定性较差、开挖过程中可能引起塌方的不良地质地段,通过从地面向下钻孔注浆,对围岩、地层进行预先加固(图5.11.2)。其施工工序及施工要点参照本指南第5.9节。

图5.11.2 地表注浆加固

5.12 质量要求

5.12.1 超挖部位应采用喷射混凝土回填或用同强度等级的混凝土模筑,严禁人为预留空腔或掺填片石。超挖或局部坍塌体积较大时,回填处理方案应报设计、监理单位批准。

5.12.2 外观要求:喷混凝土均匀密实,表面平顺光亮,无干斑或流滑现象。表面不平顺需补喷。施工过程可采用直尺进行平整度检查。

5.12.3 喷射混凝土强度要求:

1 同批试件组数 $n \geqslant 10$ 时,试件抗压强度平均值不低于设计值;任一组试件抗压强度不低于0.85倍设计值。
2 同批试件组数 $n < 10$ 时,试件抗压强度平均值不低于1.05倍设计值;任一组试件抗压强度不低于0.9倍设计值。

5.12.4 锚杆数量和抗拔力的要求:锚杆数量不少于设计数量;锚杆28d拔力平均值

不小于设计值,最小拔力不小于0.9倍设计值,抽检频率为锚杆数的1%,且不少于3根。

5.12.5 建设单位和监理单位应加强初期支护质量监督检查,可委托具有计量认证合格证书(CMA)的专业检测单位对初期支护的混凝土强度、厚度、空洞情况、锚杆施工质量和钢拱架(钢格栅)间距进行检测。检测项目见表5.12.5-1和表5.12.5-2。

表5.12.5-1 隧道锚杆质量检测结果汇总

				检测结果				
	序号	桩号及部位	设计长度(m)	实测长度(m)	注浆饱满度	锚杆类型		结论
						设计	实际	
隧道	1							
	2							
	3							
	4							
	5							
	6							
	……							
	合格率			%				

表5.12.5-2 隧道初期支护质量检测成果

测段(每个测段里程长度不超过10m)	桩号	探测位置	初期支护混凝土厚度(cm)			钢支撑情况(m)			背后空洞情况	围岩级别	备注
			最大	最小	设计	数量(榀)	平均间距	设计间距			
1											
2		拱顶									
3											
4											
5		左拱腰									
6											
7											
8		右拱腰									
9											

对于检测不合格的应按以下原则进行处理:
1 对于混凝土强度不合格的,应予返工处理。
2 对于混凝土厚度不足的,应予补喷处理,但如侵入二次衬砌则应返工处理。
3 如混凝土存在空洞,应予注浆加固处理,必要时应予返工处理。

4 对于锚杆施工质量不合格的,应予增设锚杆或返工处理。

5 钢拱架(钢格栅)间距过大的,应予补做处理,直至间距符合设计要求。

5.13 安全环保

5.13.1 安全要求:

1 施工期间,应对支护的工作状态进行定期和不定期检查。在不良地质地段,应由专人每班检查。

2 每次施工应检查用电设备是否运转正常,有无漏电等情况。应做到"一电、一闸、一锁、一漏保"。

3 钻孔、注浆人员熟练掌握有关作业规程;禁止在不停机械的情况下进行任何修理;注浆泵及管路内压力未降至零时,不拆除管路或松开管路接头,以免浆液喷出伤人;钻机和注浆泵由专人负责操作,未经同意其他人不得操作;注浆人员在拆管路、操作注浆泵时戴防护眼镜,以防浆液溅入眼睛。

4 锚杆简易台架应安置稳妥。锚孔钻进作业时,应保持钻机及作业平台稳定牢靠,除钻机操作人员外还应安排至少一人协助作业,作业人员应佩戴安全带、安全帽、防护眼罩等防护用品。

5 对支护体系的监控量测中发现支护体系变形、开裂等险情时,应采取补救措施。当险情危急时,应将人员撤出危险区。

6 钢架的安装作业时,作业人员之间应协调动作,在本排钢架未安装完毕,并与相邻的钢架和锚杆连接稳妥之前,不得擅自取消临时支撑。

7 构件支撑的立柱不得置于虚渣和活动石块上。在软弱围岩地段,立柱底面应加设垫板或垫梁。

8 严格按照操作规程操作喷射机械手,喷射过程中专人指挥,移动喷射机械手时,应首先关闭喷射机械手,喷嘴前方严禁站人。

9 隧道涌水处理应根据现场情况,采取超前围岩预注浆堵水、开挖后径向注浆堵水、超前钻孔排水、坑道排水等措施。

10 隧道开挖后,周边围岩出现涌水、股状水、大面积渗水时,应根据围岩条件、地下水类型、地下水性质、补给条件、允许排放量、环保要求,以及对施工的影响程度等,采用全断面径向注浆、局部径向注浆和径向点注浆等堵水措施。集中出水点应埋设导管原位引出。

11 周边局部渗漏水时,可采用局部径向注浆;周边大面积渗漏水时,可采用全断面径向注浆。

12 在需采取超前注浆堵水的地段,应根据前方围岩地质条件、水文地质条件、施工条件等,选择采用超前全断面帷幕注浆、超前周边注浆和超前局部注浆等措施。

5.13.2 环保要求:

1 施工过程中的漏浆、泄浆等废弃物不能随意排放,防止污染周围生活用水、污染灌溉用水等。

2 锚杆钻孔作业时,应采用湿式钻孔,以免钻孔旋出的粉尘飞扬在空气中,污染环境。

3 加强对各种机械用油的管理,修理产生的废机油应集中储存、避免油污染。

4 对加工余料集中堆放,加工中做到"工完、料尽、场地清"。

5 混凝土运输车、喷射机械手清洗的废水应在指定位置排放,施工排水经三级沉淀后排放,严禁随意排放。

6 仰拱与铺底

6.1 一般规定

6.1.1 隧道设有仰拱时,应及时安排施工,使支护结构早闭合,改善围岩受力状况、控制围岩变形、保障施工安全。

6.1.2 仰拱顶上的填充层及铺底应在拱墙混凝土及二次衬砌施工前完成,宜保持超前3倍以上衬砌循环作业长度,以利于衬砌台车模筑混凝土施工。

6.1.3 仰拱宜全断面一次开挖成型,不得左右半幅分次浇筑。铺底混凝土可半幅浇筑,并及时进行施工,以改善洞内交通状况和施工环境。但接缝应平顺做好防水处理。

6.1.4 仰拱开挖应严格按已审批开挖方案进行,并结合拱墙施工抓紧进行仰拱初期支护和仰拱模筑混凝土施工,实现支护结构早闭合。

6.1.5 仰拱、铺底施工时,应按图纸要求预埋路面下横向盲沟、拱脚纵、横向排水管等排水设施,并注意设置与二次衬砌贯通的变形缝。

6.1.6 仰拱段应尽快封闭成环。

6.1.7 仰拱、铺底施工过程中应采取措施保证洞内临时交通通畅。可采用搭过梁或栈桥施工方案,设临时车辆通行平台保证不中断运输。栈桥两侧应设置安全防护设施,长隧道、特长隧道应采用自行式液压栈桥。

6.1.8 施工前,应将隧底虚渣、杂物、泥浆、积水等清除干净,并用高压风将隧底吹洗干净;隧道底部(包括仰拱),超挖在允许范围内应采用与衬砌相同强度等级混凝土浇筑;超挖大于规定时,应按设计要求回填,不得用洞渣随意回填,严禁侵入衬砌断面(或仰拱断面)。

6.1.9 铺底混凝土厚度和强度应满足设计和施工要求,仰拱填充和底板混凝土强度达到5MPa后允许行人通行,达到设计强度的100%后允许车辆通行,避免在车辆反复行驶后损坏。

6.1.10 仰拱施工缝和变形缝应做防水处理。

6.1.11 仰拱与掌子面的距离,Ⅲ级围岩不得超过90m,Ⅳ级围岩不得超过50m,Ⅴ级及以上围岩不得超过40m。

6.1.12 Ⅱ、Ⅲ级围岩地段铺底应全断面一次开挖成型,铺底混凝土应及时进行浇筑,以改善洞内交通状况和施工环境。

6.2 施工工序

6.2.1 仰拱和铺底的施工工序流程分别如图6.2.1-1和图6.2.1-2所示。

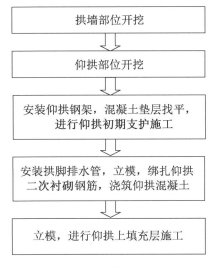

图6.2.1-1 仰拱施工工序流程

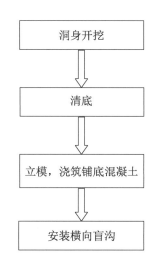

图6.2.1-2 铺底施工工序流程

6.3 施工要点

6.3.1 开挖:
1 仰拱土层开挖应以人工配合机械开挖为主。
2 隧道底两隅与侧墙连接处应平顺开挖,避免引起应力集中。边墙钢架底部杂物应清理干净,保证与仰拱钢架连接良好。
3 仰拱开挖当遇变形较大的膨胀性围岩时,底面与两隅应预先打入锚杆或采取其他加固措施后,再行开挖。
4 软岩地段特别处于洞口部位或洞内断层破碎带的隧道仰拱开挖应严格按审批方案进行施工,应严防一次开挖范围大,造成隧道侧墙部位收敛变形过大,影响施工安全。

必要时可跳格进行开挖。

5 仰拱开挖不得欠挖,仰拱应全断面一次开挖到位。隧底超挖可采用强度等级不低于 C15 的混凝土或 C20 喷射混凝土回填,回填后应再次检查断面形状、尺寸。

6.3.2 初期支护:

1 仰拱开挖完成后,应及时进行仰拱初期支护施工。先施作混凝土垫层,再打锚杆、安装仰拱钢架,然后采用喷射混凝土或模筑混凝土施工。仰拱初期支护喷射混凝土不得与仰拱混凝土衬砌一次浇筑。

2 初期支护混凝土强度、厚度、钢架加工安装质量等应符合设计及规范要求。同时建设单位可委托有资质的专业检测单位进行检测。

3 当仰拱底无初期支护层时,宜先施作混凝土垫层,形成良好的作业面,以利于进行仰拱钢筋安装、立模等作业。

4 仰拱钢支撑的数量应满足设计要求,与边墙拱架要进行认真焊接,确保焊接质量。

6.3.3 预埋二次衬砌钢筋:

1 仰拱钢筋的制作及安装应符合设计及规范要求。仰拱两侧二次衬砌边墙部位的预埋钢筋伸出长度应满足和二次衬砌环向钢筋焊连要求,且将接头错开,使同一截面的钢筋接头数不大于 50%。

2 仰拱二次衬砌钢筋的绑扎应保证双层钢筋的层距和每层钢筋的间距符合要求,层距的定位可通过焊接定位钢筋来确定。混凝土保护层控制应采用混凝土垫块。仰拱二次衬砌钢筋如图 6.3.3 所示。

图 6.3.3 仰拱二次衬砌钢筋示例

3 仰拱二次衬砌两侧边墙部位的预埋钢筋的弯曲弧度应与隧道断面设计的弧度相符,伸出长度应满足和二次衬砌环向钢筋焊接的要求(搭接长度应符合规范要求),同时钢筋间距应均匀并满足设计要求。

4 仰拱钢筋应与拱墙环向受力钢筋焊接或机械连接。

6.3.4 混凝土施工：

1 仰拱混凝土应超前拱墙混凝土施工，仰拱和铺底施工前应清除积水、杂物、虚渣等。

2 仰拱、仰拱上的填充层及铺底混凝土应配合比准确，应使用模板、机械捣固密实。仰拱混凝土可采用泵送浇筑，应使用拱架模板保证成型尺寸符合设计要求。

3 仰拱填充采用片石混凝土时，片石应距模板 50mm 以上，片石间距应大于粗集料的最大粒径，并应分层摆放，捣固密实。

4 仰拱以上的混凝土或片石混凝土应在仰拱混凝土达到设计强度的 70% 后方可进行施工。

5 仰拱和铺底混凝土强度达到设计强度 100% 后方可允许车辆通行。

6 仰拱浇筑时，应采取措施，防止混凝土向中间低处流动，造成中间超厚、边部厚度不足。

7 仰拱衬砌横向施工缝与填充混凝土横向施工缝宜错开设置，错开距离不宜小于 0.5m。在设有变形缝位置，仰拱衬砌变形缝与填充混凝土变形缝应在同一断面位置。

6.4 安全环保

6.4.1 安全要求：

1 在隧道仰拱施工前对使用的栈桥进行检查和维护，严格按照栈桥使用说明书作业。

2 在隧道仰拱施工时，应保证洞内照明充足和通风良好。车辆通过栈桥时，下方作业人员应避让。

6.4.2 环保要求：

1 洞内应保持排水畅通，仰拱填充面不得有积水，施工排水要经三级沉淀后排放。

2 仰拱施工中全面控制施工污染，减少污水、粉尘及噪声污染，施工完成后应做到"工完、料尽、场地清"。

7 防水与排水

7.1 一般规定

7.1.1 隧道施工防排水设施应与营运防排水工程相结合；应按设计做好防水混凝土、防水隔离层、施工缝、变形缝、诱导缝防水，盲沟、排水管(沟)排水通畅；防排水材料应符合国家、行业标准，满足设计要求，并有出厂合格证明，不得使用有毒、污染环境的材料；隧道防排水不得污染环境，隧道排水不得直接排入饮用水源。

7.1.2 隧道防排水施工应遵循"防、排、截、堵相结合，因地制宜，综合治理"的原则进行，保证隧道结构物和运营设备的正常使用和行车安全，并对地表水、地下水妥善处理，形成一个完整通畅的防排水系统。

7.1.3 隧道施工前应根据工程地质、水文地质资料制定防排水方案。施工中应按现场施工方法、机具设备等情况，选择不妨碍施工的防排水措施。富水隧道应及时采取水平钻孔辅以斜向钻孔的方法查清前方水文地质情况，制定针对性引排措施。

7.1.4 洞内出现的地下水，经化验确认对衬砌结构有侵蚀性时，应按图纸要求针对不同侵蚀类型采取相应的抗侵蚀措施。设计无要求时，应及时上报变更处理。

7.1.5 要加强衬砌背后的防排水设施，强调结构自身防水，对可能的疑点进行封堵及引排。衬砌背后防排水设施施工应根据隧道的渗水部位和开挖情况适当选择排水设施位置，并配合衬砌进行施工；隧道侧沟、横向盲沟等排水设施亦应配合衬砌等进行施工。

如图纸无特殊要求，衬砌背后的流水均应排入隧道内侧排水沟。若有压浆时，不得将排水设施堵塞。

7.1.6 防水层应在初期支护基本稳定时施工，并做好防水板的保护工作。

7.1.7 停车带、洞室与正洞连接处的防排水工程应与正洞同时完成，其搭接处应平顺，不得有破损和折皱。

7.1.8 加强成品保护工作，开挖和衬砌作业不得损坏防水层，当发现层面有损坏时应及时修补;防水层在下一阶段施工前的连接部分,应采取措施保护。

7.1.9 隧道防排水施工时,应重视环境保护。施工排水应进行处理,达标后排放,并应符合现行《污水综合排放标准》(GB 8978)的规定。排、渗水可能造成地下水污染时,应采取隔离措施。

7.1.10 防水层铺挂前,应分别检测净空断面尺寸,可采用断面仪或激光三维扫描仪进行检测。

7.2 施工工序

7.2.1 隧道防排水包括结构防排水和施工防排水。结构防水及排水施工工序如图7.2.1-1所示,施工防水与排水施工工序如图7.2.1-2所示。

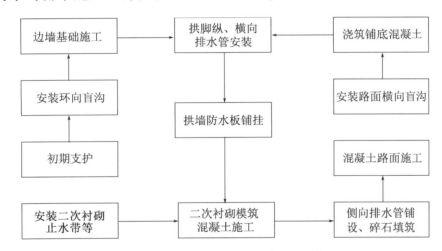

图 7.2.1-1 结构防水与排水施工工序

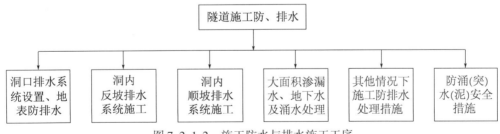

图 7.2.1-2 施工防水与排水施工工序

7.3 施工防、排水

7.3.1 一般要求:
1 隧道洞口及辅助坑洞(井)口应及时做好排水系统,完善防、排水措施。
2 隧道进洞前应做好洞顶、洞口、辅助坑道口的地面排水系统,防止地表水的下渗和冲刷。对于覆盖层较薄和渗透性强的地层,地表水应及早处理。

3 边坡、仰坡坡顶的截水沟应结合永久排水系统在洞口开挖前修建，其出水口应防止顺坡面漫流，洞顶截水沟应与路基边沟顺接组成排水系统，应防止水流冲刷弃渣危害农田和水利设施。

4 地表坑洼、钻孔等处应填不透水土，并分层夯实。

7.3.2 施工要点：

1 洞内顺坡排水一般采用临时排水沟，洞内应做到不积水、不泥泞，方便施工和检查。临时排水沟断面应满足隧道中渗漏水和施工废水的需要，并经常清理排水设施，防止淤塞，确保水路畅通。水沟位置应远离边墙，宜距边墙基脚不小于 1.5m。

在膨胀岩、土质地层、围岩松软地段等特殊或不良地质地段隧道中，排水不宜直接接触围岩，宜根据需要对排水沟进行铺砌或用管槽代替，排水沟中不得有积水。

台阶法施工时，上台阶应在下台阶开挖前架槽（管）将水引排至下台阶排水沟内，横向分幅开挖时应挖横向排水沟将水引至未开挖一侧，严禁漫流浸泡下台阶基坑。

2 对于反坡排水的隧道，可根据距离、坡度、水量和设备等因素布置排水管道，或一次或分段接力将水排出洞外。接力排水时应在掌子面设置临时集水坑，集水坑位置不得造成围岩失稳和衬砌结构承载能力降低，不应影响隧道内运输。反坡抽水工作水泵的排水能力应不小于 1.2 倍正常涌水量，并配备备用水泵；备用水泵排水能力应不小于工作水泵排水能力的 20%。

3 洞内水量较大时的处理措施：

1）洞内有大面积渗漏水和股水时，宜集中汇流引排。可采用钻孔集中汇流引排，并对钻孔位置、数量、孔径、深度、方向和渗水量等做详细记录，在确定衬砌拱墙背后排水设施时应考虑上述因素。

2）在地下水发育的易溶性岩层中施工，为防止水囊、暗河及高压涌水的突然出现，开挖工作面上应布设超前钻孔，并制定防止涌水的安全措施。

3）明挖基坑和隧道洞口处，应保持地下水位稳定在基底开挖线 0.5m 以下，必要时采取降水措施。如洞内涌水或地下水位较高，可采用井点降水法和深井降水法处理。

4 加强地质超前预报工作，制定防涌（突）水的安全预案，落实各项安全救援措施。当开挖工作面前方有承压水，且排放不会影响围岩稳定，或进行注浆前排水降压时，可采用超前钻孔或辅助坑道排水。超前钻孔深度不宜小于 10m，且应超出距开挖面 3~6 倍开挖循环进尺的距离。

7.4 结构防、排水

7.4.1 一般要求：

1 防、排水材料应符合国家、行业标准，满足设计要求，并有出厂合格证明，不得使用有毒、污染环境的材料。

2 防、排水外购材料质量要求：

1）为确保隧道营运期间有良好的防水效果，高速公路隧道防水卷材不得使用复合片，可采用均质片+无纺土工布的防水层结构形式或者直接采用点粘片。

2）均质片、点粘片的母材厚度（不包含无纺土工布）不宜小于1.5mm；无纺土工布规格不低于$400g/m^2$。

3）防水板宜选用高分子材料，一般幅宽为2~4m，耐刺穿性好，柔性好，耐久性好。

4）隧道防水卷材应具有耐老化、耐细菌腐蚀、有足够强度及延伸率、易操作、易焊接且焊接时无毒气的特点。

5）防水板、土工布、止水带、塑料排水盲沟、PVC排水管等特殊材料应由监理工程师统一现场抽检，执行"盲样"送检的制度。送检的检验项目应至少包括：规格尺寸、外观质量、常温拉伸强度、常温扯断伸长率、撕裂强度、低温弯折、不透水性能。

7.4.2 施工要点：

1 隧道结构防、排水：施工工序如图7.4.2-1所示。

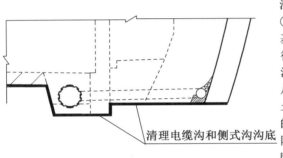

注：
①电缆沟和侧式沟沟底基础应落在基岩上，沟底应清理平整，方可进行下一步施工；②按隧道纵坡浇筑混凝土基座；③安装纵向排水管，从排水管近圆心高度开始包裹无纺土工布和防水板；④用粒径2~3cm的碎石对纵向排水管进行覆盖；⑤防水板反包向拱部，或与拱墙已铺防水板焊接

a）工序一 清理电缆沟和侧式沟沟底，安装纵向排水管

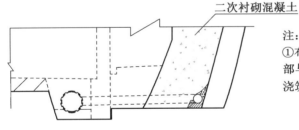

注：
①布设横向排水管，横向排水管顶部与纵向排水管采用三通连接；②浇筑二次衬砌混凝土

b）工序二 二次衬砌施工

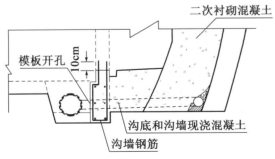

注：
①架立模板，上部凹槽处可用木板压缝，模板与横向排水管接触位置需开孔；②横向排水管应伸出模板不小于10cm；③沟墙钢筋应伸出模板不小于10cm；④现浇电缆沟沟底和沟墙混凝土，注意施工过程中不应损坏和移动横向排水管

c）工序三 浇筑电缆沟沟底和沟墙混凝土

图 7.4.2-1

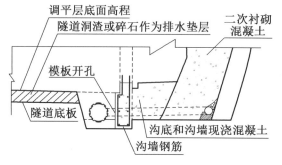

注：
对隧道底板超挖部分采用隧道洞渣或碎石回填、压实，作为隧道路面排水垫层

d) 工序四　施工排水垫层

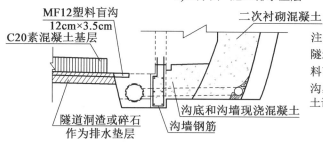

注：
隧道每隔5~8m设置一道MF12塑料盲沟，盲沟应伸入到侧式排水沟，然后浇筑路面底C20素混凝土调平层

e) 工序五　施工路面底盲沟及基层

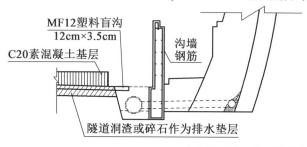

注：
施作电缆沟沟墙上部时，注意沟墙钢筋应与下部钢筋搭接不小于10cm，采用绑扎或者焊接方式

f) 工序六　施工电缆沟沟墙上部

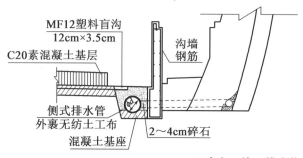

注：
①侧式排水管采用PVC-U双壁波纹管，环向240°范围内打透水孔，孔径2.4mm×60mm，纵向间隔为20cm，纵向排水管与隧道同坡；②侧式排水管外裹一层无纺土工布，防止砂土流入管内

g) 工序七　施工排水垫层

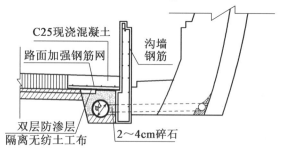

注：
①浇筑基顶板时，应采取适当的隔离措施，隔离材料采用400g/m²双层防渗无纺土工布，防止水泥浆下渗造成排水沟堵塞；②基顶板长度应根据侧式沟大小确定，一般大于侧式沟顶面25cm

h) 工序八　施工基顶板

图 7.4.2-1

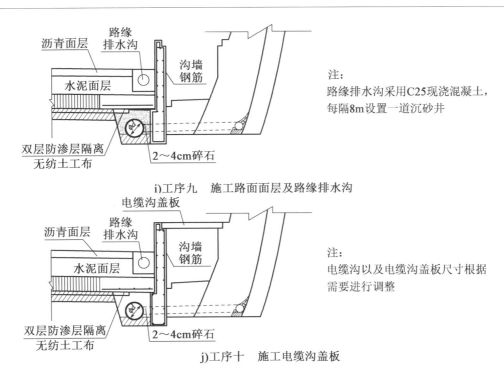

图 7.4.2-1 隧道结构防、排水施工工序

2 衬砌背后防、排水：

1）衬砌背后防、排水设施有纵、横、环向盲管、中心排水管（沟）等；应配合衬砌进行施工，施工时既要防止因漏水而造成浆液流失，还要注意灌筑混凝土或压浆时，浆液不得浸入沟管内，确保预埋的透水盲沟不被堵塞；并注意排水孔道的连接，以形成一个有机、通畅的排水系统。

2）排水盲管的材质、直径、透水孔的规格、间距应符合设计及有关标准规范的规定；在地下水较大的地段应适当加密；环向排水盲管应紧贴支护表面或渗水岩壁安设，排水盲管布置应圆顺，不得起伏不平。

3）排水管路连接应采用变径三通方式，连接牢固、畅通，安装坡度符合设计要求。纵向排水管与三通接头连接后，要用土工布进行包裹。要做好纵向排水管的高程控制，确保排水通畅（图 7.4.2-2）。

4）拱脚的横向排水管要能够及时有效地将二次衬砌背后的水排入边沟，施工过程要经常检查，以确保排水通畅（图 7.4.2-3）。

图 7.4.2-2 排水管系统示例图（一）

图 7.4.2-3 排水管系统示例图（二）

5）为便于隧道掘进期间的排水,侧向排水沟的排水管铺设和碎石填筑待施工隧道路面时再行施作,施工工艺流程如图7.4.2-4所示。

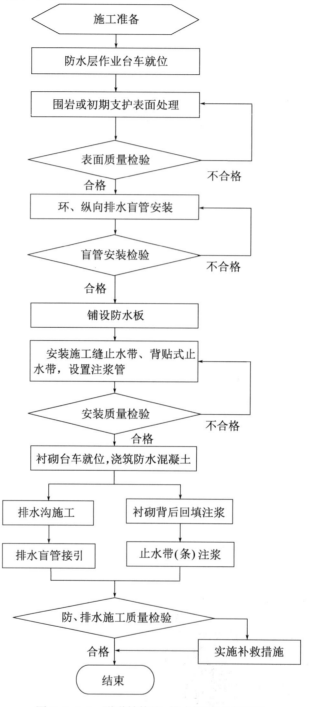

图7.4.2-4 隧道结构防、排水施工工艺流程

6）中心排水管(沟)基础的总体坡度、段落坡度、单管坡度应协调一致,并符合设计要求,不得高低起伏,应和仰拱、铺底同步施工。中心排水管(沟)埋设好后,应进行通水试验,发现积水、漏水应及时处理。

3 防水板铺设:

1）防水板施工工艺流程如图7.4.2-5所示。

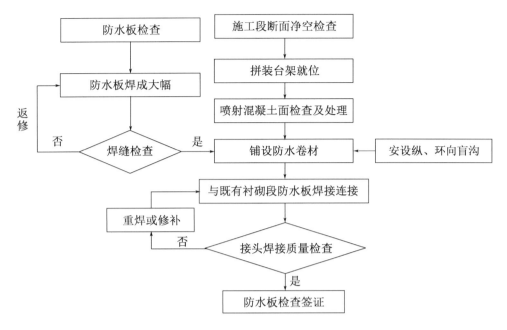

图 7.4.2-5 防水板施工工艺流程

2）防水板铺设应超前二次衬砌施工 1~2 个衬砌段，形成铺挂段→检验段→二次衬砌施工段，流水作业。

3）防水板施工前，应复核中线位置和高程，检查断面尺寸，保证衬砌施工后的衬砌厚度和净空满足规范和设计要求。

4）防水板铺挂前应进行基面检查及处理，主要内容包括：

（1）初期支护表面应平整，无空鼓、裂缝、松酥，对于初期支护表面外露的锚杆头、钢筋网头等坚硬物应采用电焊或氧焊将齐根切除，并用1:2水泥砂浆抹平，以防止顶破排水板。具体处理方法如下：

①钢筋网等凸出部分，先切断后用锤铆平，抹砂浆。钢筋处理如图 7.4.2-6 所示。

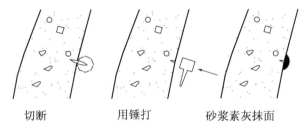

图 7.4.2-6 钢筋处理示意图

②有凸出的注浆管头时，先切断，并用锤铆平，后用砂浆填实。注浆管处理如图 7.4.2-7 所示。

③锚杆有凸出部位时，螺头顶预留 5mm 切断后，用塑料帽遮盖。锚杆处理如图 7.4.2-8 所示。

（2）对局部凹凸部分，应修凿、喷补，使其表面平顺，对超挖较大的部位应挂网喷锚。

（3）基面明水宜采用注浆堵水或设盲管引排，对于洞顶的大面积渗水，可用防水板配合盲管集中引排到临时排水边沟。

(4)初期支护表面平整度应满足拱脚 $D/L \leqslant 1/6$,拱顶 $D/L \leqslant 1/8$(D 为初期支护表面相邻两凸面间的距离,L 为该两凸面之间凹进去的深度)。

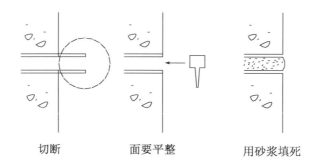

图 7.4.2-7 注浆管处理示意图

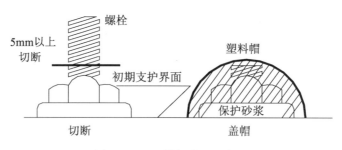

图 7.4.2-8 锚杆处理示意图

5)防水板的挂前拼焊:

(1)在洞外据拟铺挂面积的大小将 2~3 幅幅面较窄的成卷防水板下料,然后将其平铺在地面上拼焊成便于运输、铺挂的大幅面防水板,减少洞内作业的焊缝数量,以提高焊接质量。防水板应减少接头。

(2)防水板拼接采用热合机双焊缝焊接,要求搭接宽度不小于 150mm,控制好热合机的温度和速度,保证焊缝质量。焊缝应严密,单条焊缝的有效焊接宽度不应小于 12.5mm。焊接前待焊接头板面应擦净,并应根据材质通过试验确定焊接温度和速度。焊接时应避免漏焊、虚焊、烤焦或焊穿。

(3)沿隧道纵向一次铺挂长度宜比本次二次衬砌施工长度多 1.0m 左右,以使与下一循环的防水层相接;同时可使防水层接缝与衬砌混凝土接缝错开 1.0m 左右,有利于防止混凝土施工缝渗漏水。

6)铺设土工布:

(1)铺设土工布时先在隧道拱顶部位标出纵向中线,并根据基面凹凸情况留足富余量,宜由拱部向两侧边墙铺设。

(2)用射钉将热塑性垫圈和土工布平顺的固定在基面上(图 7.4.2-9),固定点间距宜为拱部 0.5~0.7m、侧墙 0.7~1.0m、底部 1.0~1.5m,呈梅花形排列,基面凹凸较大处应增加固定点,使土工布与基面密贴。电热压焊器热熔土工布热塑性垫圈固定防水板效果如图 7.4.2-10 所示。

(3)土工布接缝搭接宽度不得小于 5cm,一般仅设环向接缝。

7)铺挂防水板:

(1)防水板宜采用专用台车铺设,专用台车应与模板台车的行走轨道为独立轨道,台车前端应设有检查初期支护内轮廓的钢架。

（2）为保证防水板铺挂质量，应先进行试铺定位。

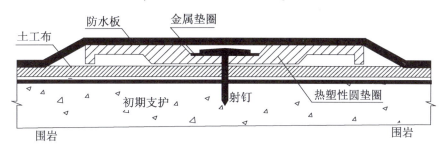

图7.4.2-9　热塑性垫圈固定土工布及防水板示意图

图7.4.2-10　电热压焊器热熔土工布热塑性垫圈固定防水板效果

（3）松弛率：防水板铺挂松弛率应根据初期支护表面平整程度适当调整，一般情况下松弛系数取1.1～1.2，以保证灌筑混凝土时板面与喷混凝土面能密贴。防水板示例如图7.4.2-11所示。

图7.4.2-11　防水板示例图

（4）防水板洞内铺挂宜从拱部向两侧边墙、环状铺设。防水板铺设应以"下压上"方式进行搭接。

（5）防水板宜采用电热压焊器热熔土工布热塑性垫圈固定，使防水板与热塑性垫圈融化黏结为一体。

8）铺后续接：防水板的"铺后续接"是指前后两幅大幅面防水板之间的连接，应先用热合焊机焊接环向接缝。施工应将待焊的两块板面接头擦净、对齐，保证搭接长度，严格控制焊接温度、焊机行走速度,保持焊机与焊缝良好接触,做到行走平稳。热合焊机焊完,应加强检查,对个别漏焊处用电烙铁补焊;丁字焊缝焊接困难、易漏焊或焊缝强度不足时,可采取用焊胶打补丁的方法补强处理。

9)焊缝检查:

(1)防水板的接头处不得有气泡、折皱和空隙,接头处应牢固,焊缝强度应不低于母材,通过抽样试验检测。

(2)防水板的搭接缝焊缝质量采用"充气法"检查,将5号注射针与压力表相接,用打气筒充气,当压力达到0.25MPa时停止充气,保持压力15min压降在10%以内,焊缝质量合格。

10)成品防护:

(1)当衬砌紧跟开挖时,衬砌前端的防水板要采取保护措施,防止爆破飞石砸破防水板;开挖、挂防水板、衬砌三者平行作业时,铺设防水层地段距开挖面不应小于爆破安全距离,并在施工中做好防水板铺挂成形地段防水板的保护:绑扎钢筋时,钢筋头加装保护套;焊接钢筋时在焊接作业与防水板之间增挂防护板;防水层安装后严禁在其上凿眼打孔;振捣混凝土时,振捣棒不得接触防水板。

(2)在浇筑二次衬砌混凝土前,应检查防水层铺设质量和焊接质量,如发现有破损情况,应进行处理。

(3)防水板需要修补时,修补防水层的补丁不得过小,补丁形状要剪成圆角,不应有长方形、三角形等的尖角。防水层修补后一般用真空检查法检查。

11)铺设防水层安全保护和记录:

(1)铺设防水层地段距开挖工作面不应小于爆破安全距离。二次衬砌时,不得损坏防水层。

(2)防水层应按隐蔽工程要求管理,二次衬砌施工前应检查质量,并认真填写质量检查记录。

4 施工缝的处置:

1)水平施工缝:墙体水平施工缝不应设在剪力和弯矩最大处或铺底与边墙的交接处,宜设置在高出铺底面不小于300mm的墙体上。拱墙结合的水平施工缝宜设置在拱墙接缝线以下150~300mm处。

水平施工缝在混凝土浇筑前,应将其表面清理干净,涂刷混凝土界面处理剂;或者,先刷不低于结构混凝土强度等级的净浆,再铺25~30mm厚的1:1水泥砂浆,及时浇筑混凝土。

2)垂直施工缝:垂直施工缝设置宜与变形缝相结合。垂直施工缝施工时,应将其表面浮浆和杂物清除。刷不低于结构混凝土强度等级的净浆或涂混凝土界面处理剂。及时浇筑混凝土。端头模板应支撑牢固,严防漏浆。端头应埋设表面涂有脱模剂的楔形硬木条(或塑料条),形成预留浅槽,其槽应平直,槽宽比止水条宽1~2mm,槽深为止水条厚度的1/2~1/3,将遇水膨胀止水条牢固地安装在预留浅槽内,垂直施工缝内应增加衬砌横向施工缝,并与填充混凝土横向施工缝宜错开设置,距离不宜小于0.5m。

3)应采取有效措施确保止水带位置准确,固定牢固。

5 变形缝的处置：

变形缝应满足密封防水、适应变形、施工方便、检修容易等要求，变形缝的施工应注意：

1）沉降变形缝的最大允许沉降差值应符合设计规定，设计无规定时，不应大于30mm。当计算沉降差值大于30mm时，应采取特殊措施。

2）沉降变形缝的宽度宜为20～30mm。伸缩变形缝的宽度宜小于此值。

3）变形缝处的混凝土结构厚度不应小于300mm。

4）缝底应设置与嵌缝材料无黏结力的背衬材料或遇水膨胀止水条。

5）变形缝嵌缝施工时，缝内两侧应平整、清洁、无渗水；缝内应设置与嵌缝材料无黏结力的背衬材料，嵌缝应密实。

6）变形缝的设置位置应使拱圈、边墙和仰拱在同一里程上贯通。

6 止水带施工：

1）止水带安装示意如图7.4.2-12所示。

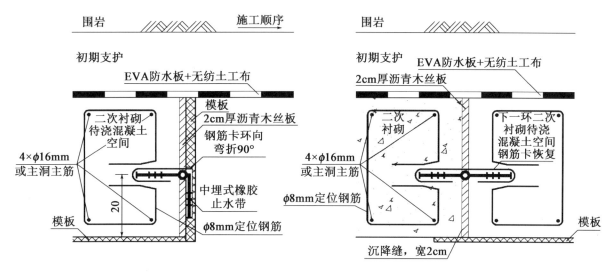

a）沉降缝橡胶止水带安装示意图

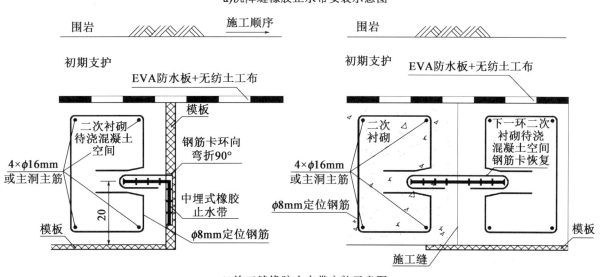

b）施工缝橡胶止水带安装示意图

图7.4.2-12 止水带安装示意图

2）止水带的接头不得设在结构转角处，并尽可能不设接头。

3）止水带埋设位置准确，其中间空心圆环应与变形缝的中心线重合；止水带定位时，应使其在界面部位保持平展，防止止水带翻滚、扭结，如发现有扭结不展现象应及时进行调整。在固定止水带和灌筑混凝土过程中应防止止水带偏移，以免单侧缩短，影响止水效果。可采用定位钢筋准确定位。

4）止水带先施工一侧混凝土时，其端头模板应支撑牢固，严防漏浆。

5）隧道断面变化处或转角处的阴角应抹成半径不小于50mm的圆弧，以便止水带施工。止水带在隧道断面变化处或转角处应做成弧形，橡胶止水带的转角半径不应小于200mm，钢片止水带转角半径不应小于300mm，且转角半径应随止水带的宽度增大而相应加大。

6）不得在止水带上穿孔打洞固定止水带。在固定止水带和灌筑混凝土过程中应注意保护止水带不被钉子、钢筋和石子等刺破。如发现有刺破或割裂现象，应及时修补。

7）宜加强混凝土振捣控制，排除止水带底部气泡和空隙，使止水带和混凝土紧密结合，应注意防止振捣造成止水带偏位或破损。

8）止水带的长度应根据施工需要事先向生产厂家定制，尽量避免接头。如确有接头，应连接牢固，宜设置在距铺底面不小于300mm的边墙上。根据止水带材质和止水部位可采用不同的接头方法。橡胶止水带的接头形式应采用搭接或复合接；塑料止水带的接头形式应采用搭接或对接。采用热接法时，搭接长度不得小于10cm；采用冷接法时，搭接长度不得小于20cm；冷粘或焊接的缝宽不应小于50mm。

7.5 安全环保

7.5.1 安全要求：
1 防水作业人员应经过培训上岗，技术人员应加强现场指导，严把质量关。
2 对设计采取的注浆防水等措施，严格按照设计和有关技术规定执行。
3 施工缝垂直设置，不留斜缝，确保止水条形成全封闭的防水圈。
4 高空作业应佩戴安全带等高空作业设备。

7.5.2 环保要求：
1 严格按照国家有关法律、法规组织施工，控制大气污染、水源污染、土壤污染，防止水土流失，保持良好的生态环境。
2 从传播途径上控制噪声，采取装吸声、隔声装置等措施，减少噪声污染。
3 不得使有害物质（含燃料、油料、化学品等，以及超过允许剂量的有害气体和尘埃、弃渣等）污染土地、河流。

8 二次衬砌

8.1 一般规定

8.1.1 为保证衬砌工程质量,隧道一般地段(含洞身、明洞、加宽段)的二次衬砌施工应采用全断面模板台车和泵送作业。

8.1.2 隧道二次衬砌台车执行准入制度。

8.1.3 隧道洞口软弱围岩段二次衬砌应及时施作,掘进超过50m时,应停止开挖进行二次衬砌施工;洞内软岩段二次衬砌应尽早施工,其他段严格落实安全步距要求,以保证施工安全。

8.1.4 二次衬砌施工前应对初期支护断面进行激光测量,对不符合要求的应进行处理。

8.1.5 洞内出现的地下水,经化验确认对衬砌结构有侵蚀性时,应按图纸要求针对不同侵蚀类型采取不同类型的抗侵蚀性混凝土。设计无要求时,应及时上报变更处理。

8.1.6 当围岩级别有变化时,衬砌断面的级别也应相应变化,且需获得监理工程师批准。围岩较差地段的衬砌,应向围岩较好地段伸延,且延伸长度不宜小于5m。

8.1.7 隧道防排水设施、预埋件及预留洞室模板等的安装质量要符合设计和规范要求。

8.1.8 建设单位要委托有资质的专业检测单位对二次衬砌钢筋、保护层厚度、空洞情况进行检测。对检查不合格的项目,施工单位应进行整改处理。

8.1.9 对已完成的衬砌地段,应继续观察二次衬砌的稳定性,注意变形、开裂等现象,及时记录。

8.1.10 衬砌拆模后应及时养护,养护宜采用二次衬砌养护台车进行养护工作,混凝土养护时间不得少于7d。掺加引气剂或引气型减水剂时,混凝土养护时间不得少于14d。隧道内空气湿度不小于90%时,可不进行洒水养护。

8.1.11 二次衬砌台车应安装衬砌混凝土脱空预警系统,实现实时预警功能,避免因混凝土浇筑不到位导致二次衬砌后部出现空洞。

8.1.12 在二次衬砌每完成300~500m时,项目业主应及时组织二次衬砌厚度和脱空检测。

8.1.13 两车道二次衬砌台车面板钢板厚应不小于10mm;三车道隧道二次衬砌台车面板钢板厚应不小于12mm。为减少二次衬砌模板间痕迹,外弧模板每块钢板宽度宜采用2m,不应小于1.5m,板间接缝按齿口搭接或焊接打磨。

8.2 施工工序

二次衬砌施工工艺流程见图8.2。

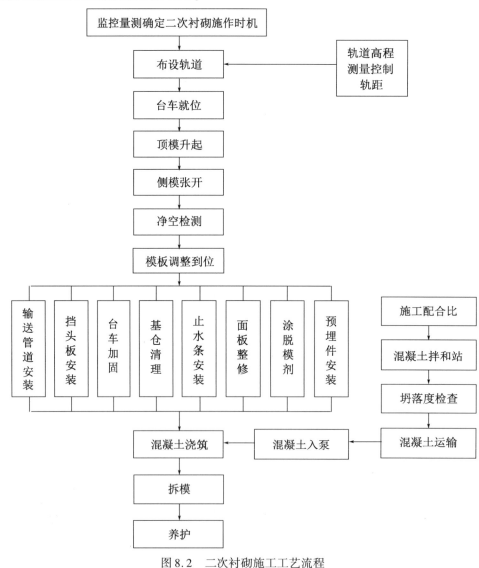

图8.2 二次衬砌施工工艺流程

8.3 施工要点

8.3.1 二次衬砌钢筋：

1 二次衬砌钢筋应集中加工、统一配送。

2 钢筋安装应满足：

1）横向钢筋与纵向钢筋的每个节点均应进行绑扎或焊接。

2）钢筋焊接搭接长度应满足设计和规范要求，受力主筋的搭接应采用焊接，焊接搭接长度和焊缝应根据钢筋直径和焊接方式确定。

3）箍筋连接点应在纵横向筋的交叉连接处，应进行绑扎或焊接。

4）钢筋其他的连接方式应符合相关规范的规定。

5）安装钢筋时，钢筋长度、间距、位置、保护层厚度应满足设计要求。

6）衬砌环向受力钢筋与纵向分布筋每个节点应进行绑扎或焊接，相邻环向受力筋搭接位置应错开，错开距离不应小于1000mm，同一受力钢筋的两个搭接距离不应小于1500mm，单面焊大于$10d$（d为钢筋直径），双面焊大于$5d$。

7）箍筋连接点应在环向受力筋与纵向分布筋的交叉连接处，并应进行绑扎或焊接。

8）钢筋焊接前需对接头进行预弯，以保证受力在同一轴线。

3 钢筋制作应按设计轮廓进行大样定位。

4 为确保二次衬砌钢筋定位准确、钢筋保护层厚度符合要求，需采取以下措施：

1）先由测量人员用坐标放样在调平层和拱顶防水层上定出自制台车范围内前后两根钢筋的中心点，确定好法线方向，确保定位钢筋的垂直度及与仰拱预留钢筋连接的准确度。钢筋绑扎的垂直度采用三点吊垂球的方法确定。

2）用水准仪测量调平层上定位钢筋中心点高程，推算出该里程处圆心与调平层上中心点的高差，采用自制三脚架定出圆心位置，自制三脚架如图8.3.1-1所示。

3）圆心确定后，采用尺量的方法检验定位钢筋的尺寸是否满足设计要求，对不满足要求位置重新进行调整，全部符合要求后固定钢筋。钢筋固定采用自制钢筋安装台车，二次衬砌钢筋间距由钢管焊接的可调整的支撑杆控制（图8.3.1-2）。

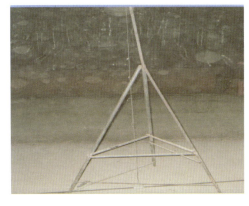 

图8.3.1-1 自制三脚架示例　　图8.3.1-2 二次衬砌钢筋支撑杆示例

4）定位钢筋固定好后，根据设计钢筋间距在支撑杆上用粉笔标出环向主筋布设位置，在定位钢筋上标出纵向分布筋安装位置，然后开始绑扎此段范围内钢筋。各钢筋交叉处均应绑扎。

5）主筋纵向间距、分布筋环向间距、内外层横向间距、保护层厚度应符合设计要求。钢筋保护层应全部采用高强砂浆垫块来控制，垫块应按梅花形布置，垫块纵向、环向间距不宜大于1.5m，不得使用塑料垫块，二次衬砌钢筋垫块示例如图8.3.1-3所示。

图8.3.1-3　二次衬砌钢筋垫块示例

8.3.2　边墙基础施工：

1　边墙基础（包括电缆沟和侧埋式排水沟基础）应在仰拱施工完成后、铺底施工前施工，施工前应清除积水、杂物、虚渣和喷射混凝土回弹物。

2　按照设计间距和实际地下水情况预埋横向排水管。

3　边墙基础混凝土应立模板浇筑，混凝土采用与拱墙同强度等级混凝土，施工过程中应严格控制混凝土浇筑质量。

4　基础顶面高程应按照电缆沟沟底顶面和台车侧模底部高程进行准确放样。

5　施作边墙基础时应注意预埋电缆沟侧壁钢筋。

6　边墙基础顶面设置的纵向排水管应避免侵入二次衬砌空间。

8.3.3　预留洞室和预埋件：

1　预留洞室模板和预埋件在钢筋混凝土衬砌地段，宜固定在钢筋骨架上；在无筋衬砌地段采取在衬砌台车模板上钻孔，用螺栓固定。

2　预留洞室模板宜采用钢模，承托上部混凝土重量时应加强支撑，确保混凝土成型质量合格。

3　对设计有二次衬砌钢筋的段落，预埋的接地扁铁应与钢筋焊接，无衬砌钢筋的也应尽量与锚杆头进行焊接，确保接地电阻满足设计要求。

8.3.4　台车就位：

1　台车模板就位前应仔细检查防水板、排水盲管、衬砌钢筋、预埋件等隐蔽工程并做好记录；台车就位后应检查其中线、高程及断面尺寸等并做好记录。

2 台车模板定位采用五点定位法，即：以衬砌圆心为原点建立平面坐标系，通过控制顶模中心点、顶模与侧模的铰接点、侧模的底脚点来精确控制台车就位。曲线隧道应考虑内外弧长差引起的左右侧搭接长度的变化，以使弧线圆顺，减少接缝错台。

3 台车模板应与混凝土有适当的搭接（≥10cm，曲线地段指内侧），撑开就位后检查台车各节点连接是否牢固，有无错动移位情况，模板是否翘曲或扭动，位置是否准确，保证衬砌净空。为避免在浇筑边墙混凝土时台车上浮，还应在台车顶部加设木撑或千斤顶。同时检查工作窗状况是否良好。

4 衬砌台车应由经过培训的台车司机专人操作，对控制面板、油路、顶缸等重点部件要加强管理维修。

5 风水电管路通过衬砌台车时，应按规范设置，并布置整齐；照明应满足混凝土捣固等操作需要；管线台车施工区域内的临时改移，要加强洞内外的联系，班组间密切配合，提高操作人员安全意识，设专人巡查，严防触电和管路伤人事故。

6 台车作业地段进行吊装作业时，应有专人监护，统一指挥，并设标志，禁止通行。

8.3.5 安装挡头模板、止水带：

1 台车端部的挡头模板应按衬砌断面制作以保证设计衬砌厚度，并可适当调整以适应其不规则性，其单片宽度不宜小于300mm，厚度不应小于30mm。

2 挡头模板结构应能保证衬砌环接缝榫接，以保证接头处质量，增强其止水功能。

3 挡头板应定位准确、安装牢固，其与岩壁间隙应嵌堵紧密。

4 挡头板顶部应留有观察小窗口，以观察封顶混凝土情况。

8.3.6 配合比设计：

1 性能要求：

1）各种原材料和外加剂满足规范要求，满足设计强度要求。

2）流动性好、坍落度衰减慢、初凝时间相对较长、终凝时间相对较短，以满足泵送混凝土施工要求，减少裂纹出现。

3）干缩性小，满足抗渗性要求。

4）水化热低且水化热高峰值发生在混凝土达到一定强度之后，以承受由于水化热产生的温度应力。

5）混凝土有早强性能，特别是拱肩部位，以利于模板早拆，满足衬砌快速施工需要。

2 配合比设计要求：

1）配合比根据原材料质量和设计混凝土所要求的强度、耐久性、抗渗指标、施工和易性、凝固时间、运输灌注和环境温度条件通过试配确定，推荐采用"双掺"技术。

2）混凝土坍落度一般控制在13～18cm，根据混凝土灌注部位不同，墙部混凝土坍落度宜小，拱部混凝土坍落度宜大。在保证混凝土可泵性的情况下，宜尽量减小混凝土的坍落度，并提高混凝土的和易性、保水性，避免混凝土泌水。

3）配合比设计时应采取措施以使反弧部位混凝土减少气泡、麻面等质量通病的发生。

8.3.7 混凝土施工:

1 二次衬砌混凝土灌注前应重点检查以下几点:

1)复查台车模板和中心高程是否符合要求,仓内尺寸是否符合要求;

2)台车和挡头模安装定位是否牢靠;

3)衬砌钢筋、防水板、排水盲管、止水带等安装是否符合设计和规范要求;

4)模板接缝是否填塞紧密;

5)脱模剂是否涂刷均匀;

6)基仓清理是否干净,施工缝是否处理;

7)预埋件、预留洞室等位置是否符合要求;

8)输送泵接头是否密闭,机械运转是否正常;

9)输送管道布置是否合理,接头是否可靠。

2 混凝土浇筑采用泵送浇筑工艺,机械振捣密实:

1)混凝土拌制前,应测定砂石含水率并根据测试结果调整材料用量,提出施工配合比。拌制混凝土拌合物时,水泥质量偏差不得超过±1%,集料质量偏差不得超过±2%,水及外加剂质量偏差不得超过±1%。

2)混凝土浇筑前,应将基底石渣、污物和基坑内积水排除干净,严禁向有积水的基坑内倾倒混凝土拌合物。

3)泵送混凝土前应采用按设计配合比拌制的水泥浆或按集料减半配制的混凝土润滑管道。

4)混凝土应采用混凝土搅拌运输车运输,确保在运送过程中不离析、洒落及混入杂物。

5)混凝土由下至上分层、左右交替、从两侧向拱顶对称灌注。每层灌注高度、次序、方向应根据搅拌能力、运输距离、灌注速度、洞内气温和振捣等因素确定。为防止浇筑时两侧侧压力偏差过大造成台车移位,两侧混凝土灌注面高差宜控制在50cm以内,同时应合理控制混凝土浇筑速度。

6)浇筑混凝土应尽可能直接入仓,混凝土输送管端部应设接软管控制管口与浇筑面的垂距,混凝土不得直冲防水板板面流至浇筑位置,垂距应控制在1.2m以内,以防混凝土离析。

7)施工过程中,输送泵应连续运转,泵送连续灌注,宜避免停歇造成"冷缝"。如因故中断,其中断时间应小于前层混凝土的初凝时间或能重塑时间,当超过允许时间时,应按施工缝处理:应在初凝以前将接缝处的混凝土振实,并使缝面具有合理、均匀稳定的坡度。凡是未振实又超过该水泥初凝时间的混凝土,应予清除。

8)在混凝土浇至作业窗下50cm,作业窗关闭前,应将窗口附近的混凝土浆液残渣及其他杂物清理干净,涂刷脱模剂,将其关紧,防止窗口部位混凝土表面出现凹凸不平的补丁甚至漏浆现象。

9)隧道衬砌起拱线以下的反弧部位是混凝土浇筑作业的难点部位,应对混凝土性能、坍落度及捣固方法进行有效控制,以减少反弧段气泡,有效改善衬砌混凝土表面质量。

10)混凝土的入模温度,在冬季施工时不应低于5℃,夏季施工时不应高于32℃。

11)混凝土应采用高频振动器振捣密实,并应采取确实可靠的措施确保混凝土密实。振捣时,不得使模板、钢筋、防排水设施、预埋件等移位。

12)封顶采用顶模中心封顶器接输送管,逐渐压注混凝土封顶。挡头板上观察孔有浆溢出时,即标志着封顶完成。挡头板在上坡端时,观察孔溢浆,即标志着封顶完成;挡头板在下坡端时,需在上坡端顶部预留排气溢浆孔。

13)对于三车道隧道应在二次衬砌拱部设置纵向顶贴注浆管道进行注浆填充,在混凝土浇筑前预贴注浆花管,花管采用$\phi 20 \sim 30mm$的PVC管,在管身布设梅花形溢浆孔。拱顶注浆填充,宜在衬砌混凝土强度达到100%后进行,注入砂浆的强度等级应满足设计要求,注浆压力应控制在0.1MPa以内。

14)每次混凝土浇筑完成后,应及时清理场地的废弃混凝土和垃圾,保持施工现场整洁。

15)宜采用附着式和插入式振捣相结合的方式进行衬砌混凝土振捣。采用高频机械振捣时,振捣时间宜为$10 \sim 30s$。

8.3.8 拆模:按施工规范采用最后一盘封顶混凝土试件达到的强度来控制。不承受外荷载的拱、墙混凝土强度应达到5MPa或在拆模时混凝土表面和棱角不被损坏并能承受自重时拆模;当拱墙二次衬砌施工时围岩变形未稳定,承受围岩压力时,拆模时间应满足规范要求,围岩和初期支护变形未稳定,或在塌方地段浇筑的衬砌混凝土应达到设计强度的100%。

8.3.9 养护:

1 应配备二次衬砌养护台车(图8.3.9)。在寒冷地区,应做好衬砌的防寒保温工作。

2 养护时间要求:洞口100m养护期不少于14d,洞身养护不少于7d,对已贯通的隧道二次衬砌养护期不少于14d。

图8.3.9 二次衬砌喷淋养护台车

8.3.10 缺陷处理:拆模后,若发现缺陷,不得擅自修补,经监理工程师批准后方可处理。

1 气泡:采用白水泥和普通水泥按衬砌表面颜色对比试验确定的比例掺拌后,局部填补抹平。

2 环接缝处理:采用弧度尺画线,切割机切缝,缝深约2cm,不整齐处进行局部修凿或经砂轮机打磨后,用高强度等级水泥砂浆修饰,用钢镘刀抹平,使施工缝圆顺整齐。

3 对于表面颜色不一致的应用砂纸反复擦拭数次。

4 预留洞室周边应先行清理干净,然后喷水湿润,采用高强度等级、与二次衬砌颜色相统一的砂浆,抹平压光。

8.3.11 紧急停车带、车行横洞与人行横洞:

1 紧急停车带:

1)紧急停车带的开挖与衬砌,及与洞身衬砌相连接的一段,应制定专门的施工方法和程序。

2)紧急停车带应布置在同一级别围岩地层中。开挖过程中,若发现不在同一级别围岩时,应上报处理。

3)紧急停车带衬砌两端与洞身衬砌以喇叭口形式连接、应圆顺平整。

2 车行横洞与人行横洞:

1)横洞应按图纸所示位置与正洞同时进行开挖和衬砌。

2)交叉段衬砌结构构造,应制定专门的施工方法和程序。

3)对车行横洞和人行横洞等特殊洞室,宜采用移动式模架和拼装模板施工:

(1)边墙基础应与边墙一次浇筑完成,分次浇筑时应处理好接缝。

(2)拱、墙模板拱架的间距,应根据衬砌段落的围岩情况、隧道宽度、衬砌厚度和模板长度确定。

(3)架设拱、墙支架和模板安装时,应位置准确,连接牢固,严防移位。围岩压力较大时,拱架、墙架应增设支撑或缩小间距。

(4)移动式模架或拼装模板重复使用时,应注意检查,如有变形应及时修整。

(5)在拱架外缘应采用沿径向支撑与围岩顶紧,以防混凝土浇筑时拱架变形和移位。

(6)拱架和支架应于隧道中线垂直方向架设。拱架的螺栓、拉杆、斜撑等应安装齐全。拱架(包括模板)高程应预留沉落量。施工中应随时测量、调整。

4)交叉段衬砌混凝土应连续浇筑,不得中断。交叉段的钢筋应相互连接良好,绑扎牢固,使之成为整体。

8.3.12 二次衬砌带模注浆台车施工流程:防水板施工→安装RPC注浆管→衬砌混凝土施工→回填注浆→拆模→注浆效果检查→结束。

8.3.13 二次衬砌混凝土养护台车使用要求:衬砌混凝土拆模后,喷淋养护台车在人工操作下,行走至循环段衬砌,打开水泵阀门,通过水压力促使水流在喷淋养护台车上各环向和纵向水管上的喷淋头旋转喷至混凝土表面,保持混凝土表面湿润。

8.3.14 洞内照明的桥架方式:隧道洞内照明桥架按材料分为钢制电缆桥架、铝合金电缆桥架、玻璃钢电缆桥架、防火阻燃桥架。按形式分为托盘式、梯级式、组合式、槽式。

8.4 质量要求

8.4.1 外观质量:

1 达到"六无"要求(无错台、无漏浆、无冷缝、无气泡、无色差、无渗漏)。
2 结构轮廓线条直顺美观,无跑模、露筋现象,混凝土颜色均匀一致。
3 施工缝平顺,节段接缝处错台小于10mm,表面无渗水印迹。
4 混凝土表面密实,每延米的隧道面积中,蜂窝、麻面和气泡面积不超过0.5%,深度不超过10mm。
5 混凝土无因施工养护不当产生裂缝。

8.4.2 二次衬砌质量检测:建设单位和监理单位要加强对二次衬砌质量的监督检查,可委托取得计量认证合格证书(CMA)的专业检测单位对二次衬砌钢筋、仰拱进行检测。隧道二次初砌质量检测结果如表8.4.2所示。

表8.4.2 隧道二次衬砌质量检测结果

测段(每个测段里程长度不超过10m)	桩号	探测位置	二次衬砌钢筋网存在情况		二次衬砌混凝土厚度(cm)			背后空洞情况	二次衬砌钢筋情况	备注
			实测	设计	最大	最小	备注			
1		拱顶								
2										
3										
4		左拱腰								
5										
6										
7		右拱腰								
8										
9										

8.4.3 预留洞室质量:预留洞室尺寸要符合设计,棱角整齐,外观质量好。

8.4.4 拱顶预留接线盒质量:拱顶预留接线盒的位置要准确,电缆钢管要安放在两层钢筋的中间,其平面线形要与隧道的线形相一致。

8.5 安全环保

8.5.1 安全要求：

1 作业台架和模板台车上应使用36V安全电压。施工用电应由电工操作，严禁私自接拉电线。

2 模板台车移动行走时安排专人指挥，车辆通过台车时，台车上作业人员应站在安全位置。

3 在隧道拱墙衬砌施工时，保证洞内照明充足和通风良好。

4 高空作业应佩戴安全带等高空作业设备。

8.5.2 环保要求：

1 施工过程中应做到"工完、料尽、场地清"。

2 混凝土运输车清洗的废水应经洞外设沉淀池，沉淀达标后在洞外排放。

9 辅助坑道

9.1 一般规定

9.1.1 辅助坑道口的截水、排水系统和防冲刷设施,应在隧道施工前妥善规划,尽早完成。坑道口或斜井的洞门或竖井口锁口圈也应尽早施作。

9.1.2 辅助坑道支护应符合设计要求。辅助导坑洞口或井口、软弱围岩段、辅助坑道与正洞的连接处应加强支护。辅助坑道与正洞的连接处支护后,应及时施作二次衬砌,在特殊情况下,应在开挖前采取超前支护措施。

9.1.3 辅助坑道废弃应符合下列规定:
1 竖井、斜井开挖过程中有水,应采取措施进行引排,贯通后应将水引入隧道正洞侧沟。
2 横洞、平行导坑、斜井的洞口宜用水泥砂浆砌片石封闭,无衬砌时封闭长度宜为3~5m,有衬砌时封闭长度不宜小于2m。
3 竖井的井口宜用钢筋混凝土盖板封闭。
4 与隧道正洞连接处宜用水泥砂浆砌片石封闭,其长度不宜小于2m。

9.1.4 辅助坑道口边、仰坡开挖及地表恢复应符合环境保护和水土保持的有关规定和设计要求。辅助坑道口边和仰坡开挖不得采用大爆破,开挖坡面应按设计要求及时进行防护和支护,山坡危石应全部清除。

9.1.5 辅助坑道与正洞交叉口施工应符合下列规定:
1 先加固、后开挖。根据地质情况,辅助坑道与正洞边墙相交的3~5m范围的初期支护应加强,必要时浇筑混凝土衬砌。
2 辅助坑道进入正洞的门洞应浇筑钢筋混凝土(或型钢)"门架"或过梁。
3 辅助坑道进入正洞后的挑顶施工,应从外向内逐步扩大,并始终保持逃生通道畅通。

9.1.6 辅助坑道施工应进行超前地质预报和现场监控量测。

9.2 斜井

9.2.1 斜井开挖的钻爆作业除应符合本指南第4.3节的有关规定外,还应满足下列要求:

1 钻眼方向宜与斜井的倾角一致,底眼应比井底高程略低,避免出现台阶。
2 每个循环进尺都应检测其高程并控制井身的斜度,每隔10~20m应复核其中线、高程,确保斜井的位置正确。

9.2.2 当斜井综合坡率$i<10\%$时,宜采用自卸汽车、装载机或挖掘机配合的无轨运输方式;当$10\% \leq i<27\%$时,宜选用轨道矿车或皮带运输方式;当$27\% < i \leq 47\%$时,宜采用轨道矿车提升;当$47\% < i \leq 70\%$时,宜采用大型箕斗提升。

9.2.3 斜井施工期间,视出水量大小设水仓或临时集水坑储水,开挖工作面的积水用潜水泵先排到水仓(或临时集水坑),再用抽水机排出洞外;正洞施工期间,斜井的出水沿水沟顺坡排到斜井底的水仓,与正洞排水汇集一起,用抽水机排出洞外,必要时斜井中间再设接力水仓。

9.2.4 斜井采用有轨运输时,除应符合现行《公路隧道施工技术规范》(JTG/T 3660)第7章的要求外,还应符合下列规定:

1 采用有轨运输时,斜井应按要求设置井底平坡车场;井口平车场或卸渣栈桥,有斜坡条件可以利用时,也可采用甩车场;井身纵断面不宜变坡。
2 井身每隔30~50m可设一个躲避洞,井底停车场应设避车洞,斜井底附近的固定机械、电器设备与操作人员,均应设置在专用洞室内。
3 井口和井底变坡点应设竖曲线,有轨运输的竖曲线半径宜采用12~20m。
4 斜井口应设置挡车器,并设立专人管理。挡车器应经常处于正位关闭状态,放车时方可打开。车辆在井内行驶过程中(含途中停留),井内严禁人员通行与作业。
5 井口、井下、卷提升机房应有联系信号,箕斗提升应采用直发式信号。提升、下放与停留,各有明确的色灯和音响、视频等信号规定。设专职信号员,负责接发车工作。提升机司机未得到井口信号员发给信号,不得开动。
6 严禁人员乘坐斗车、矿车,当斜井的垂直深度大于50m时,应装设运送人员的专门设施。
7 提升钢丝绳应由专人负责,定期检查,对易损坏、断丝或锈蚀较多的部位,应详细检查,断丝的突出部分应剪下,检查结果记入钢丝绳检查记录中。
8 提升装置应装设保险装置。

9.2.5 斜井采用无轨运输时,要强化人员、车辆、环境、道路、技术措施等方面的管理,

最大限度降低斜井无轨运输的安全风险。除应符合现行技术规范要求外,还应符合下列规定:

1 落实各项防范措施,加强车辆安全检查,尤其是要定期检查制动系统。

2 单车道斜井应按要求设置会车道。每隔一定距离设置由沙袋和废旧轮胎组成的防溜墩。

3 确保斜井内施工环境,运输道路应硬化并防滑处理,保证铺底施工质量。

4 斜井运输车辆应限速行驶,进洞重车不得大于8km/h,空车不得大于15km/h;出洞爬坡不得大于20km/h。严禁工程车装载施工人员进出洞。

5 所有洞内施工人员应穿反光背心,洞内、外应设置各种安全设施和警示标志,并符合有关规定。

9.3 竖井

9.3.1 竖井的施工方法主要有全断面一次开挖法、反井钻机法、反井吊罐法、反井爬罐法和反井深孔分段爆破法。竖井施工应根据竖井深度、地质水文条件及各施工方法的特点选择适宜的施工方法(表9.3.1)。竖井深度较大的宜采用滑模施工二次衬砌混凝土,有利于保证混凝土施工质量、避免产生施工缝(图9.3.1)。

表9.3.1 竖井施工方法及其适用范围、特点、施工程序

	施工方法	适用范围	施工特点	施工程序
自上而下开挖	全断面一次开挖法	适用于小断面的浅井(≤30m)	需要提升设备解决人员、钻机及其他工具、材料、石渣的垂直运输	开挖一段,衬砌一段,或先开挖后衬砌
	反井钻机法	适用各类岩体,大断面、特大断面、深度超过100m的竖井	搭设井架提升人员和机具上下;石渣自导井下溜至下部通道出渣;边扩大、边支护	钻机自上向下钻孔,而后自下而上扩孔成导井,再自上而下分段扩挖成型、分段初期支护,最后施工永久支护
自下而上开挖	反井吊罐法	适用于井深小于100m的小断面竖井,如果钻机精度高,可加大井深	先施工上下通道,然后用钻机钻钢丝绳孔(孔径100mm);上部安装起吊设备,下部通道作为避炮洞,作业人员在吊罐上钻孔	小断面竖井自下向上分段扩挖,即可进行临时支护;全部开挖完后再进行后续工序
	反井爬罐法	适用于上部没有通道的盲井或深度大于80m的竖井	自下向上利用爬罐上升,向上式钻机钻孔形成导井,然后爆破扩挖,下部出渣	先向上钻设导井,再边开挖边临时支护,挖完后再永久支护
	反井深孔分段爆破法	适用于井深30~80m且下部有运输通道的竖井	钻机自上向下一次钻孔形成导井,分段自下向上爆破扩挖,爆破效果取决于钻孔精度;石渣自上坠落,由下部通道出渣	先施工导井,再自下向上扩挖竖井一次完成,然后进行其他工序

图 9.3.1 竖井二次衬砌滑模施工

9.3.2 井口的锁口圈应高出地面至少 0.25m 或浇筑环形挡墙,并做好井口场地排水设施;锁口圈应和下部井颈、井壁连成整体,当其作为井架基础时,应与井架结构连成整体;井口的锁口圈应在井身掘进前完成,并配备井盖、四周设围挡及警示标志,在升降人员或物料时,井盖方可开启。

9.3.3 扩挖钻爆作业除应符合本指南第 4.3 节的规定外,还应符合下列规定:
1 井身开挖宜采用直眼掏槽,当岩层倾斜较大且裂隙明显时,可用楔形或其他形式掏槽,有地下水时可采用立式梯台超前掏槽法。
2 钻眼前应将开挖工作面的石渣清除干净并排除积水,炮眼钻完后,应将孔口临时堵塞。
3 每次爆破后应检测断面,不得有欠挖。每掘进 5～10m 应核对一次中线,及时纠正偏斜。

9.3.4 全断面一次开挖时装渣宜用抓岩机;井架吊桶或罐笼出渣时,宜采用三脚架、帐幕式井架或龙门架。必要时应设稳绳装置和其他施工安全措施。

9.3.5 竖井井架结构的荷载应按下列两种组合进行计算;井架的设计应满足强度、刚度和稳定性的要求,并应设置防雷设施。
1 正常荷载:井架自重＋附属设备重量＋提升悬吊钢丝绳的工作荷载。
2 特殊荷载:提升钢丝绳的断绳荷载＋共轭钢丝绳的 2 倍工作荷载＋50% 的风荷载。

9.3.6 竖井提升作业应符合下列规定：

1 提升机械不得超负荷运行，并应有深度指示器和防止过卷、过速等保护装置以及限速器和松绳信号等。

2 吊桶提升所用的钩头连接装置应牢固，不得自动脱钩，并应有缓转器。罐笼提升应设置安全可靠的防坠器。吊桶沿稳绳升降时，其最大加速度值不应大于 $0.5m/s^2$，吊桶在无稳绳段升降的最大加速度值不应大于 $0.3m/s^2$。

3 工作吊盘的载重不应大于吊盘的设计载重能力。

4 提升用的钢丝绳和各种悬挂使用的钩、链、环、螺栓等连接装置，应具有规定的安全系数，使用前应进行拉力试验，合格后方可安装。使用中应定期检查、维修和更换。

5 井口应装设安全栅栏和安全门，通向井口的轨道应装设阻车器。

9.3.7 施工中竖井口、井底、绞车房和工作吊盘间均应有联系信号或直通电话。

9.4 信号和通信

9.4.1 斜井、竖井提升应有提升信号。绞车房、井底车场、运输调度、水仓、带式输送机集中控制洞室等主要机电设备和开挖工作面，应安装电话，能与工地调度室直接联系。

9.4.2 信号的设置应符合下列规定：

1 每一台提升绞车均应有独立的信号系统。

2 井口与绞车房之间应采用数码显示的声光兼备的信号装置，并设置直通电话。

3 信号电源应独立可靠，并有电源指示灯。

4 信号系统应简单、可靠，系统上应做到联锁严密，每台提升机应有独立的提升信号，提升信号不得多机共用。

5 信号系统的各种金属外壳应可靠接地。

6 所有信号装置应采用具有短路、过载和漏电保护的照明信号综合保护装置配电。

9.5 安全环保

9.5.1 安全要求：

1 未按规定进行监控量测不得进洞，监控量测出现红色预警未处理时不得继续施工。

2 所有进洞人员应正确佩戴防护用品，特种作业人员应持证上岗。

3 开挖人员到达工作地点时，首先检查开挖工作面是否处于安全状态，并检查支护是否牢固，如有松动的石、土块或裂缝应先予以清除。

4 坚决落实爆破物品登记制度，爆破物品及各类爆破器材领用实行专人负责制，指定专职安全员和材料员进行爆破材料的领用,其他人员不得领用。未使用的爆破物品应退库处理,施工人员不得私自收藏爆破物品。

9.5.2 环保要求:

1　施工过程中应做到"工完、料尽、场地清"。
2　施工废水经三级沉淀后排放。

10 不良地质和特殊岩土地段施工

10.1 一般规定

10.1.1 充分利用多种超前地质预报技术和监控量测技术，尽可能及时、准确地掌握不利于施工安全与结构稳定的地质条件，是确保施工安全、质量的必要条件。

10.1.2 超前地质预报、监控量测、动态设计与施工动态管理是不良地质和特殊岩土地段隧道灾害防治的基本程序，应贯穿隧道施工的全过程。施工中应根据超前地质预报动态调整支护参数，以保证现场施工安全。宜采用瞬变电磁法进行超前探测，探明前方富水区方位、规模等信息，再采用钻探手段验证，根据物探+钻探结果，提前做好相对应的措施。

10.1.3 不良地质和特殊岩土地段隧道的超前地质预报应着重探明隧道周围 1~2 倍洞径、掌子面前方 2~3 倍洞径围岩的岩性、结构、构造、水体、不良地质，以揭示突泥突水、大规模坍塌、岩溶、大变形、有害气体等地质条件。

10.2 富水软弱破碎围岩

10.2.1 超前钻孔排水宜保持 10~20m 的超前距离。当涌水量特别大时，可采用超前适当距离的导坑排水。

10.2.2 涌水较大时宜采用注浆堵水措施。隧道埋深在 20m 以内可采用地表注浆堵水措施，隧道埋深超过 20m 时应采用工作面预注浆堵水措施。

10.2.3 穿越水库等富水围岩段落，应加强超前地质预报，按设计要求处治。

10.3 岩溶

10.3.1 岩溶的规模、充填性质、水量、水压是超前地质预报的重点，宜采用钻探+电法+弹性波物探法进行综合超前地质预报。

10.3.2 岩溶地区隧道施工前,应依据设计文件结合现场情况核查溶洞的分布范围、类型、规模、充填物和地下水流情况等,按照"以疏为主、堵排结合、因地制宜、综合治理"的原则分别以"疏导、堵填、注浆加固、跨越、绕避、宣泄"等措施进行处理。

10.3.3 在高水压、大流量溶洞(直径大于2m)隧道,施工应以排水为主,宜开挖泄水洞,将岩溶水从泄水洞排走。对能量极大的溶水,宜采用释能降压法,溶洞和泄水洞形成永久性结构,长期排水,以保障施工和运营安全。应坚持"排堵结合、以排为主、上堵下排"的原则。

10.3.4 对于溶隙和溶管(直径小于2m)的充水岩溶,采用以堵为主的原则进行治理。

10.3.5 岩溶段施工宜采用加深炮孔探测。加深炮孔探测在炮孔开孔前实施,布置在隧道断面上中左右位置,以进一步探测前方溶洞位置、填充情况及岩溶水情况。

10.4 突泥突水

10.4.1 突泥突水多发生在岩溶发育强烈区域和高压富水不良地质区域,极易造成重大安全事故、严重危及隧道施工安全和质量。因此,突泥突水事故发生后,应充分发挥建设单位的主导和决策作用,成立以建设单位领导为组长,由设计、施工、监理单位参加的应急管理小组,现场组织和督导重大技术方案的落实。

10.4.2 突泥突水处治技术方案主要包括:
1 绕避技术:规模较大的岩溶应优先考虑绕避,开辟新的工作面。同时,平导或泄水洞遇到规模较大的岩溶,原则上不处理,采取绕避。
2 注浆技术:严格按照"先外圈后内圈,同圈间隔跳孔"的顺序进行注浆;应严格按制定的标准进行注浆效果检查,不达到标准应补注浆;宜采用钻孔出水量分析法或检查孔出水量测定法检测注浆堵水效果,宜采用注浆压力-注浆量-时间曲线法、注浆量分析法或检查孔孔内成像法检测注浆加固效果。
3 分水降压法:对于高压状态,为降低注浆后开挖风险,可通过钻孔方式或设置高位泄水洞,对隧道注浆加固圈外实施排水降压,以确保隧道开挖处于低水压状态。
4 释能降压技术:是对复杂的高压富水充填溶腔进行有计划、有目的地精确爆破揭示,释放溶腔所存储的能量,降低施工和运营过程中水土压力对隧道造成的安全风险,之后,根据溶腔情况进行针对性结构处理。释能降压技术主要内容包括:岩溶特征分析、邻近界面锁定、相邻洞室分隔、洞外排水规划、专项精确爆破、预警预报监控、配套措施实施。
5 结构处理技术:按形态大小、充填物特征、充填物性质、涌水量大小、突涌水动态变化特征、地质构造特征对岩溶进行分类,针对不同类型岩溶,采取针对性措施,实现岩溶"模式化"处理。

1) 对大型岩溶,应研究基础加固、钢管桩、拱、板、梁、路基填筑等多种基底跨越结构形式。

2) 对于拱部大型岩溶,应研究立柱支顶、拱罩防护等措施。

3) 对于隧道穿越暗河及富水管道地段,应研究注浆堵水加固、引排、绕越、泄水洞等多种处理措施。

4) 突泥突水段落施工中应加强支护参数,提高衬砌抗水压能力。

10.4.3 突泥突水隧道应建立健全安全措施体系,主要包括:

1 制定安全进洞条件:据日降雨量、水压力、洞内排水量等实行进洞安全等级管理,确定进洞施工警戒条件,确保施工人员绝对安全。

2 进行安全生产培训:对现场人员进行技术交底和安全交底,进行安全培训,使现场人员了解工程,知道风险,知道遇到风险后怎么办。

3 设置专职安全员,负责启动风险预警系统,并组织疏散撤离。

4 完善防灾报警系统,主要包括视频监控系统、声光报警系统、应急照明系统、安全逃生系统。

5 对规模大的溶腔进行结构长期监测,保证溶腔的结构长期安全。

10.5 岩爆

10.5.1 隧道开挖过程中,可采用下列方法进行岩爆预报:

1 以超前探孔为主,辅以地震波法、电磁波法、钻速测试法等手段。

2 采用工程地质类比法进行宏观预报。

3 通过地质素描、施工监测分析岩石的"动态特性",主要包括岩体内发生的各种声响和局部岩体表面的剥落情况等。

10.5.2 对于已发生岩爆的隧道,可采用声发射监测法、变形监测法、地震网监测法对岩爆进行监测。

10.5.3 针对不同岩爆级别的隧道段,宜采取下列措施降低岩爆强度:

1 针对微弱岩爆地段,可洒水浇湿开挖面。

2 中等岩爆地段,可在拱部和边墙开挖线以外 100~150mm 范围内,通过钻孔喷灌高压水。

3 强烈岩爆地段,可先开挖 15~30m² 的小导洞,使岩层中的地应力得到部分释放,再扩挖导洞至隧道轮廓。

10.5.4 岩爆区域施工时,应采取下列措施确保施工安全:

1 每次爆破前及岩爆发生后,作业人员和机械设备均应转移至安全地带,待岩爆平静后再继续施工。

2 必要时宜增加安全防护措施,作业人员穿着防护背心;台车、装渣机械、运输车辆安装钢板或防护网;掌子面架设移动防护网。

10.6 瓦斯

瓦斯是地下坑道内有害气体的总称,其成分以沼气(甲烷CH_4)为主,一般习惯称沼气为瓦斯。

当隧道穿过煤层、油页岩或含沥青等岩层,或从其附近通过,而围岩破碎、节理发育时,可能会遇到瓦斯。如果洞内空气中的瓦斯浓度已达到爆炸限度,瓦斯与火源接触就会引起爆炸,给隧道施工带来很大的危害和损失。所以,在有瓦斯的地层中修建隧道时,应采取相应的措施,以确保安全顺利施工。

10.6.1 瓦斯的性质:

1 瓦斯为无色、无臭、无味的气体,与碳化氢或硫化氢混合在一起时,会产生类似苹果的香味,由于空气中瓦斯浓度增加,使氧气相应减少,很容易使人缺氧窒息或发生死亡事故。

2 瓦斯相对密度为$0.554kg/m^3$,仅为空气的一半,所以在隧道内,瓦斯容易存在坑道顶部,其扩散速度比空气大16倍,很容易透过裂隙发达、结构松散的岩层。

3 瓦斯不能自燃,但极易燃烧,其燃烧的火焰颜色随瓦斯浓度的增大而变淡。

10.6.2 瓦斯的燃烧和爆炸性:

当坑道中的瓦斯浓度小于5%且遇到火源时,瓦斯只是在火源附近燃烧而不会发生爆炸;当瓦斯浓度为5%~16%且遇到火源时,瓦斯具有爆炸性;当瓦斯浓度大于16%时,瓦斯一般不爆炸,但遇火能燃烧。瓦斯浓度爆炸界限如表10.6.2所示。

表10.6.2 瓦斯浓度爆炸界限

瓦斯浓度(%)	爆炸界限	瓦斯浓度(%)	爆炸界限
5~6	瓦斯爆炸下界限	8	最易点燃
14~16	瓦斯爆炸上界限	低于5或大于16	不爆炸,与火焰接触部分燃烧
9.5	爆炸最强烈		

瓦斯燃烧时,遇到障碍物而受压缩,即能转燃烧为爆炸。瓦斯爆炸时能产生高温,封闭状态下的爆炸(容积为常数)温度可达2150~2650℃,能向四周自由扩张时的爆炸(压力为常数)温度可达1850℃。坑道中发生瓦斯爆炸后,坑道中完全无氧,而充满氮气、二氧化碳和一氧化碳。这些气体很快传布到邻近的坑道和工作面,凡是来不及躲避的人,

都会中毒窒息,甚至死亡。

10.6.3 防止瓦斯事故的解决措施:

1 当隧道穿过瓦斯溢出地段时,应预先确定瓦斯的探测方法,并制定瓦斯的稀释措施、防爆措施和紧急救援措施等。

2 隧道通过瓦斯地区的施工方法宜采用全断面开挖,随掘进随衬砌、缩短煤层瓦斯放出时间,缩小围岩暴露面,有利于排出瓦斯。

3 加强通风是防止瓦斯爆炸最有效的办法。把坑道空气中的瓦斯浓度吹淡到爆炸浓度以下,将其排出洞外。

4 洞内空气中的瓦斯浓度应控制在表10.6.3所列范围内。

表10.6.3 隧道瓦斯允许浓度标准

部位	总回风巷道（平行导坑）	工作面风流	工作面回风流	风扇及开关地点附近
瓦斯允许浓度(%)	<0.74	<1.0	<1.0	<0.5

5 当开挖工作面风流中或电动机附近20m以内风流中瓦斯浓度达到15%时,应停工、撤出人员,切断电源,采取相应措施进行处理。

6 对有瓦斯的隧道应加强通风,防止瓦斯积聚。由于停电或检修,使主要通风机停止运转时,应有恢复通风、排除瓦斯和送电的安全措施。

7 当开挖进入煤层,瓦斯排放量较大,使用一般的通风手段难以稀释到安全标准时,可使用超前周边全封闭预注浆。

8 采用的防爆设施如下:

1)遵守电器设备和其他设备的安全规则,避免产生电火。

2)凿岩时用湿式钻岩机,防止钻头产生火花。在洞内操作时,防止金属与坚石撞击、摩擦产生火花。

3)爆破作业应使用安全炸药和毫秒电雷管。

4)洞内只准用电缆,不准使用皮线。应使用防爆灯或蓄电池灯照明。

5)铲装石渣前应将石渣浇湿,防止金属器械摩擦和撞击产生火花。

10.6.4 相关制度:

1 严格执行瓦斯检查制度。指定专人定时进行检查,严格执行瓦斯允许浓度的规定。

2 洞内严禁使用明火,严禁将火柴、打火机、手电筒及其他易燃品带入洞内。

3 进洞人员应经过有关瓦斯知识和防止瓦斯爆炸的安全教育。抢救人员未经专门培训不准在瓦斯爆炸后进洞抢救。

4 应挑选工作认真负责、有业务能力、经过专业培训、考试合格者作为瓦斯检查人员上岗作业。

11 超前地质预报

11.1 一般规定

11.1.1 超前地质预报是保证隧道施工安全的重要环节和重要技术手段。高速公路隧道施工应进行超前地质预报，并将超前地质预报作为隧道施工的一道工序，纳入参建各方的施工组织管理。

11.1.2 隧道超前地质预报应达到下列主要目的：
  1 进一步查清掌子面前方的工程地质与水文地质条件，指导工程施工的顺利进行。
  2 降低地质灾害发生的概率和危害程度。
  3 为动态设计和施工提供地质依据。

11.1.3 超前地质预报应包含下列主要内容：
  1 地层岩性预测预报，特别是对软弱夹层、破碎地层、煤层及特殊岩土的预测预报。
  2 地质构造预测预报，特别是对断层、节理密集带、褶皱构造等影响岩体完整性的构造发育情况的预测预报。
  3 不良地质预测预报，特别是对溶洞、暗河、人为坑洞、放射性、有害气体、高地应力、高地温、高岩温等发育情况。
  4 地下水预测预报，特别是对岩溶管道水和富水断层、富水褶皱轴及富水地层中的裂隙水等发育情况的预测预报。

11.1.4 工程开工前，不良地质隧道、高瓦斯隧道、水底海底隧道等危险性较大的隧道工程及依据《公路桥梁和隧道工程设计安全风险评估指南（试行）》（交公路发〔2010〕175号）评估为Ⅲ级（高度风险）、Ⅳ级（极高风险）的隧道工程，应委托有资质的单位开展超前地质预报；其他隧道工程，施工单位应组织专业技术人员及设备实施超前地质预报。执行"第三方"预报的隧道不能免除现行《公路隧道施工技术规范》（JTG/T 3660）所规定施工单位应承担的责任。

11.1.5 隧道工程参建各方在超前地质预报工作中职责和分工的划分应符合下列规定：
  1 超前地质预报实施单位应编制超前地质预报实施大纲，按程序审查和批准后负责组织实施;应及时将超前地质预报成果报监理、勘察设计、建设单位,并对超前地质预报成果和数据的真实性负责;实行"第三方"预报的,施工单位应积极配合预报单位实施超前地质预报。

2 监理单位应对隧道超前地质预报实施大纲进行审批,应对实施过程进行监理,应监督检查施工单位现场专业技术人员(地质、物探)数量和能力、设备类型及数量、超前地质预报的实施和数据采集以及相关协调工作等。

3 勘察设计单位应分析和研究超前地质预报成果,发现地质情况与设计不符的,应按程序及时变更设计。

4 建设单位应督促预报、施工、监理、设计单位按规定参与预报工作。

11.1.6 超前地质预报可按图 11.1.6 所示的工作程序进行。

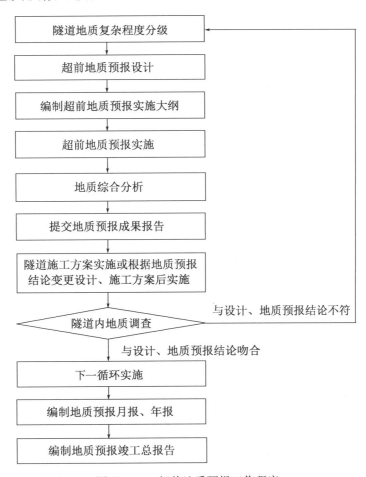

图 11.1.6 超前地质预报工作程序

11.1.7 隧道超前地质预报实施大纲应包括下列内容:
1 编制依据。
2 工程概况。
3 地质条件:与地质预报有关的地形地貌、气象特征、地层岩性、地质构造、水文地质情况简述,着重说明不良地质与特殊岩土、可能存在的主要工程地质问题及地质风险。

  4　超前地质预报方案:分段预报内容及具体预报方法、技术要求、工艺流程及操作要点、预报工作量,必要时应编制气象、重要泉点和洞内主要出水点、暗河流量等观测计划和观测技术要求。
  5　超前地质预报组织机构设置和投入的人力、设备资源。
  6　质量要求和安全措施。
  7　成果资料编制的内容和要求。
  8　工作制度,包括与监理、勘察设计、建设单位的联系制度,地质预报成果报告的提交时限,信息传递方式等。
  9　地质预报成果的验证及技术总结的要求。
  10　其他需要说明的问题。

11.1.8　预报单位应及时编制预报成果报告、阶段性报告(月报、年报)和竣工总报告,并分送各相关单位。报告内容应规范完整,并包含以下主要内容:
  1　地质情况及水文地质情况。
  2　对照图纸提供的地质资料,预报地质条件变化情况及对施工的影响程度。
  3　预报可能出现的不良地质及其对施工的影响,以及处理措施。
  4　隧道施工中由于措施不当可能造成围岩失稳时,应及时采取的改进措施。
  5　工程进展情况。
  6　预报的方法原理。
  7　探测掌子面地质调查结果、掌子面地质素描图。
  8　探测区、点布置图。
  9　结合隧道勘探设计资料、补充地质调查结果、洞内地质调查结果进行的探测分析结果(包括文字、探测典型波形图、波谱图和成果图等)。
  10　预报结论及下部施工措施、掌子面前方岩体分级。
  11　上阶段预报与施工验证对比表等。

11.1.9　预报工作计划要与隧道施工进度相结合,并贯穿施工的全过程,做到全程预报。当施工进度与地质预报发生矛盾时,施工应为超前地质预报让路,避免盲目施工,确保超前地质预报工作的实施,并起到指导施工的作用。隧道开挖前应进行超前探测工作,做到不探测,不施工。

11.1.10　施工过程中应将实际开挖的地质情况与预报结果进行对比分析,及时总结经验教训,指导和改进地质预报工作。

11.1.11　超前地质预报成果是调整和优化隧道设计参数和防护措施、优化施工组织、制定施工安全应急预案、进行工程变更设计的重要依据,参建各方要高度重视地质预报成果的应用。

11.1.12 施工阶段的超前地质预报不能代替勘察阶段的地质勘察工作及施工阶段的补充地质勘察工作,不得因进行施工阶段隧道超前地质预报工作而忽视勘察阶段的地质勘察工作及施工阶段的补充地质勘察工作。

11.1.13 建立预报成果与实际地质比对分析制度。隧道地质超前预报具有很强的时效性,对监测情况异常段要第一时间发布正式预警文件。

11.2 超前地质预报方法

11.2.1 超前地质预报可采用地质调查法、超前钻探法、物探法和超前导坑预报法等。

1 地质调查法包括隧道地表补充地质调查、洞内地质调查(包括底板、边墙、拱顶和掌子面地质调查)及数码成像技术。

2 超前钻探法包括超前水平地质钻探法、钻速法。

3 物探法包括地震波法(TGP 和 TSP、反射地震层析成像法、地震 CT 成像和陆地声呐法等)、声波法(水平声波剖面法、声波层析成像法等)、电磁波反射法(地质雷达等)、电法和瞬变电磁等。

11.2.2 超前地质预报应以地质调查法为基础,针对不同地段地质情况、预报目的和预报方法的适用条件,采用一种或几种方法相互补充和印证,进行综合超前地质预报。超前地质预报主要方法的适用条件及其特点如表 11.2.2 所示。

表 11.2.2 超前地质预报主要方法的适用条件及其特点

预报方法	原理	适用条件	优点	缺点	预报距离(m)	影响因素
地质素描	地质工程师根据肉眼观察及结构面产状、地下水出露等地质信息,运用地质理论和经验进行地质评价与预报	任何地质条件,是基础工作	结论可靠,不需要大型设备,人力及资金投入较少,占用时间较少	需要专业地质工程师,劳动强度大,效率低,结论依赖经验	≤5	环境光线,断面积,经验,观察工具
数码成像技术	用可见光对开挖面进行摄影,通过对影像的处理与有用信息提取,在地质力学理论基础上进行预报分析	任何地层	信息采集效率高、过程可视化,数字信息便于计算机处理	目前尚不能对竖曲线坡度大于10°的隧道进行探测	10	环境光线,经验等
水平地质钻探	用钻机钻取探测地岩芯编录	任何地层	结论直观、可靠	需大型钻探设备,用时长	—	岩芯采取率,探测距离等
钻速法	利用隧道开挖钻机钻进过程中的钻速与岩石的关系判断地质条件	任何地层	快速、简便、不需另外增加设备	不能得到地质体结构等方面的信息	3~5	操作人员的经验

续上表

预报方法	原理	适用条件	优点	缺点	预报距离（m）	影响因素
超前导坑	采用平行导坑或洞内导坑超前开挖，以此推断正洞的地质条件	较完整的硬岩地层	结论直观、可靠	工程量及投资大，垂直钻进方向探测范围小，易揭穿水、气层	—	—
TGP、TSP系列	利用波动在界面产生反射波的原理，根据走时与波速确定结构面位置	块裂岩体	集探测、分析于一体，操作简单，成果直观，可获得围岩动力学参数	不够灵活，探测成本高，对近隧道轴向及水平界面无效	150	测线布置、装置参数、炸药爆速、经验
声波法	层析成像技术采用声波探测射线走时和振幅来重构孔间岩土内部声速值及衰减系数的场分布，通过像素、色谱、立体网络的综合展示，达到直观反映岩土体内部结构的目的	任何岩体	可反映围岩内部结构特征，有利于围岩分级	需占用施工时间，环境要求较高	15~30	测线布置，经验
地质雷达	根据电导率的差异性，利用回波原理进行不同介质边界的探测	任何岩体	分辨率高，可达厘米级，频带宽，探测成果直观	探测环境要求较高，需多次重复探测	15~30	测线布置，发射主频，经验
瞬变电磁	利用不接地回线或接地线源向地下发射一次脉冲磁场，在一次脉冲磁场间歇期间，利用线圈或接地电极观测二次涡流场的方法	地下水活跃、围岩软弱、易发生突水突泥的隧道	施工效率高，在高阻围岩中寻找低阻地质最灵敏的方法，且不受地形影响	分辨率低，难以准确分辨时间的电性界面	<100	测线布置
电法	利用电性差异，在地质体中产生全空间电场，通过岩体中电位检测进行地质体边界探测	岩性差异显著及富水的地层	操作简单，无需钻孔，探测距离大	环境干扰要求高，应占用施工时间1~2h	<100	测线布置

11.2.3 隧道地表补充地质调查应在洞内地质超前预报前进行，并在实施洞内超前地质预报过程中根据需要补充。对地层岩性变化点、构造发育部位、岩溶发育带附近等重点地段每1个开挖循环进行1次。

11.2.4 在富水软弱断层破碎带、岩溶发育区、瓦斯发育区、重大物探异常区等复杂地质地段,应采用以超前水平钻探为主的综合方法预报前方地质情况。富含瓦斯的煤系地层或富含石油天然气地层,应采用长短结合的钻孔方式进行探测。可能发生突泥涌水的地段,超前钻探应设孔口管和止水装置,防止高压水突出。超前水平钻探每循环钻孔长度应不低于30m。

11.2.5 对于富水地区、地质调查时地表水充沛的地区、岩溶发育区、采空区等可能存在大型水体的区域,应辅以瞬变电磁连续探测。

11.2.6 探测距离小于30m,连续预报时前后两次应重叠5m;探测距离大于30m,连续预报时前后两次应重叠10m。

11.2.7 不良地质预警分级:
1 根据地质灾害对隧道施工安全的危害程度,地质灾害分为以下四级:
1)A级:存在重大地质灾害隐患的地段,如大型暗河系统,可溶岩与非可溶岩接触带,软弱、破碎、富水、导水性良好的地层和大型断层破碎带,特殊地质地段,重大物探异常地段,可能产生大型、特大型突水突泥地段,诱发重大环境地质灾害的地段,高地应力、瓦斯、天然气问题严重的地段以及人为坑洞等。
2)B级:存在中、小型突水突泥隐患的地段,物探有较大异常的地段,断裂带等。
3)C级:水文地质条件较好的碳酸盐岩及破屑岩地段、小型断层破碎带,发生突水突泥的可能性较小。
4)D级:非可溶岩地段,发生突水突泥的可能性较小。
2 不同地质灾害的预报方式可采用不同级别的预报:
1)1级预报可用于A级地质灾害。采用地质调查法、地震波反射法、超声波反射法、陆地声呐法、地质雷达法、瞬变电磁法、红外探测法、超前水平钻探等进行综合预报。
2)2级预报可用于B级地质灾害。采用地质调查法、地震波反射法、陆地声呐法、超声波反射法,辅以红外探测法、瞬变电磁法、地质雷达法。必要时进行超前水平钻孔。
3)3级预报可用于C级地质灾害。以地质调查法为主。对重要地质界面、断层或物探异常地段宜采用地震波反射法或超声波反射法进行探测。必要时采用红外探测和超前水平钻孔。
4)4级预报可用于D级地质灾害。采用地质调查法。

12 监控量测

12.1 一般规定

12.1.1 监控量测是新奥法设计理论的核心,是施工的重要组成部分。对于采用复合式衬砌的隧道,应将现场监控量测项目列入施工组织设计,贯穿施工的全过程。施工单位、设计单位、监理工程师应紧密配合,分析各项量测信息,确认或修正设计参数。

12.1.2 隧道开工前,应根据设计要求,并结合隧道规模、地形地质条件、施工方法、支护类型和参数、工期安排,以及所确定的量测目的等制定施工全过程量测方案。编制内容应包括:量测项目,量测仪器选择,量测断面、测点布置、量测频率,数据记录格式,数据处理及预测方法,信息反馈,以及组织机构、管理体系等。

量测计划应与施工进度计划相适应。监控量测工作应结合开挖、支护作业的进程,按要求及时布点,尽快读取初始数据,并根据现场实际情况及时调整补充,及时对量测数据进行分析、处理和反馈。

12.1.3 监控量测应达到下列目的:
1 确保施工安全及结构安全。
2 检验设计支护参数及施工方法的合理性。
3 为调整支护参数和施工方法提供依据。
4 确定二次衬砌施作时间。
5 监控工程对周围环境的影响。
6 积累量测数据,为信息化设计和施工提供依据。

12.1.4 对于可能对周边建筑物产生严重影响的城市隧道和危险性较大的不良地质隧道、高瓦斯隧道、水底海底隧道等,应委托有资质的单位开展监控量测,其他隧道可由具备相应资质的施工单位自行开展监控量测。执行"第三方"监测的隧道不能免除现行《公路隧道施工技术规范》(JTG/T 3660)所规定施工单位应承担的责任。监控量测负责人应由具有5年以上类似工程经验、工程师以上职称的专业人员承担。

12.1.5 现场量测仪器应根据量测项目和测试精度选用。宜选择简单适用、稳定可靠、操作方便、量程合理、便于进行结果处理和分析的测试仪器。

12.1.6 监测、施工、设计等单位及监理工程师应紧密配合,既为量测作业创造条件,又避免因抢工程进度而忽视量测工作。同时,各方应共同研究、分析各项量测信息,确认或修正设计参数或施工方法。

12.1.7 周边位移、拱顶下沉和地表下沉等必测项目宜布置在同一断面,其量测面间距及测点数量应根据隧道埋深、围岩级别、断面大小、开挖方法、支护形式等确定。

12.1.8 围岩松弛范围量测:可采用弹性波法或位移法。

12.1.9 各项量测作业均应持续到变形基本稳定后1~3周。对于膨胀性和挤压性围岩,位移没有减小趋势时,应延长量测时间。

12.1.10 各预埋测点应牢固可靠,并设置专用标识牌,标明测点的名称、部位、编号、埋设日期等;要加强教育,提高所有进洞人员保护意识,对测点进行妥善保护,不得任意撤换和遭到破坏;施工过程中应做好仪器的日常维护工作,保证性能良好;量测人员进洞应满足隧道洞内作业施工要求。

12.1.11 现场照明、通风等作业条件良好,满足正常量测作业需要。

12.1.12 监测出现异常情况应在第一时间发布正式预警信息。

12.1.13 施工过程中应根据实时监测信息,动态调整施工参数,及时进行安全隐患排查。

12.2 工作程序

12.2.1 监控量测工作程序如图12.2.1所示。

12.3 量测项目

12.3.1 必测项目:
1 在复合式衬砌和喷锚衬砌隧道施工时应进行必测项目的量测,必测项目见现行《公路隧道施工技术规范》(JTG/T 3660)。各测点应在不受到爆破影响的范围内尽快安设,并应在每次开挖后12h内取得初读数,最迟不得超过24h,并且在下一循环开挖前应完成。选测项目测点埋设时间根据实际需要进行。
2 测点应能真实地反映围岩、支护的动态变化信息:
1)围岩测点应埋入围岩中,深度应不小于0.2m,不应焊接在钢支撑上,外露部分应有保护装置。

2）支护结构测点应敷设于支护结构上。

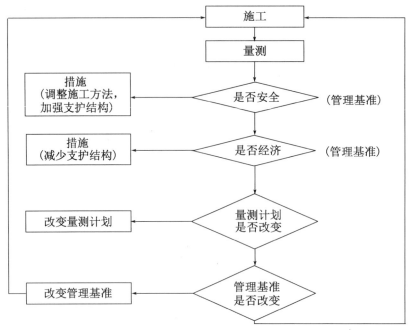

图 12.2.1 监控量测工作程序

12.3.2 选测项目:应根据设计要求、隧道横断面形状和断面大小、埋深、围岩条件、周边环境条件、支护类型和参数、施工方法等综合选择选测项目。选测项目见现行《公路隧道施工技术规范》(JTG/T 3660)。

12.3.3 监控量测项目策划:根据隧道结构形式的不同,分离式隧道、小净距隧道及连拱隧道各有不同的监控量测项目。各类型隧道的推荐监控量测项目分别见表 12.3.3-1～表 12.3.3-3。

表 12.3.3-1 分离式隧道监控量测项目

围岩条件	项目												
	洞内外地质与支护状态观察	周边位移	拱顶下沉	拱脚下沉	地表下沉	钢架内力及外力	围岩体内位移	围岩压力	两层支护间压力	锚杆轴力	支护、衬砌内应力	围岩弹性波速度	爆破振动
Ⅳ、Ⅴ级围岩	√	√	√	√	△	○	○	○	○	○	○	○	周围建筑物要求较高时必测
Ⅱ、Ⅲ级围岩	√	√	√	√	—	△	△	△	△	△	△	
洞口、偏压段、浅埋段	√	√	√	√	√	○	○	○	○	○	○	○

注:√-应进行的项目;○-宜进行的项目;△-必要时进行的项目。

表 12.3.3-2 小净距隧道监控量测项目

围岩条件	项目											
	洞内外地质与支护状态观察	周边位移	拱顶下沉	地表下沉	钢架内力及外力	围岩体内位移	围岩压力	两层支护间压力	锚杆轴力	支护、衬砌内应力	围岩弹性波速度	爆破振动	渗水压力、水流量
Ⅳ、Ⅴ级围岩	√	√	√	△	○	√	√	○	○	○	○	周围建筑物要求较高时必测	洞内出水量较大时必测
Ⅱ、Ⅲ级围岩	√	√	√	△	—	√	√	△	△	△	△		
洞口、偏压段、浅埋段	√	√	√	√	○	√	√	○	○	○	○	○	

注:1. √-应进行的项目;○-宜进行的项目;△-必要时进行的项目。
　　2. 增加必测项目:后行洞爆破振动速度和中岩墙土压力。

表 12.3.3-3 连拱隧道监控量测项目

围岩条件	项目											
	洞内外地质与支护状态观察	周边位移	拱顶下沉	地表下沉	钢架内力及外力	围岩体内位移	围岩压力	两层支护间压力	锚杆轴力	支护、衬砌内应力	围岩弹性波速度	爆破振动	渗水压力、水流量
Ⅳ、Ⅴ级围岩	√	√	√	△	○	√	√	○	○	○	○	周围建筑物要求较高时必测	洞内出水量较大时必测
Ⅱ、Ⅲ级围岩	√	√	√	△	—	√	√	△	△	△	△		
洞口、偏压段、浅埋段	√	√	√	√	○	√	√	○	○	○	○	○	

注:1. √-应进行的项目;○-宜进行的项目;△-必要时进行的项目。
　　2. 增加必测项目:先进洞与后进洞的对比量测(主要包括周边位移、拱顶下沉、地表下沉、围岩体内位移及压力、支护应力等项目的对比);中隔墙的倾斜度、内应力、表面应力及裂缝。
　　3. 增加选测项目:底部土压力。

12.4 量测要点

12.4.1 洞内外观察:

1　隧道施工过程中应进行洞内、外观察,洞内观察分开挖工作面观察和已支护地段观察两部分。

2　开挖工作面观察应在每次开挖后进行。观察工作面状态、围岩风化变质情况、节理裂隙、断层分布和形态、地下水情况以及喷射混凝土的效果。观察后及时绘制开挖工作面地质素描图,填写开挖工作面地质状态记录表和施工阶段围岩级别判定卡。

3 对已支护地段的观察每天应进行一次,主要观察围岩、喷射混凝土,以及锚杆和钢架等的工作状态。

4 监测中发现围岩条件恶化时,应立即上报设计、监理单位,采取相应处理措施。

5 洞外观察重点应在洞口段、岩溶发育区段地表和洞身埋置深度较浅地段,其观察内容应包括地表开裂、地表沉陷、边坡及仰坡稳定状态、地表水渗透情况、地表植被变化等。

12.4.2 净空位移和拱顶下沉:

1 量测坑道断面的收敛情况,包括量测拱顶下沉、周边水平收敛以及铺底鼓起(必要时)。

2 应按表12.4.2-1和表12.4.2-2检查周边位移和拱顶下沉的量测频率,并进行比较取大值。施工状况发生变化时(开挖下台阶、仰拱或撤除临时支护等),应增加检测频率。

表12.4.2-1 周边位移和拱顶下沉的量测频率(按位移速度)

位移速度(mm/d)	量测频率
≥5	2~3次/d
1~5	1次/d
0.5~1	1次/(2~3d)
0.2~0.5	1次/3d
<0.2	1次/(3~7d)

表12.4.2-2 周边位移和拱顶下沉的量测频率(按距开挖面距离)

量测断面距开挖面距离(m)	量测频率
(0~1)B	2次/d
(1~2)B	1次/d
(2~5)B	1次/(2~3d)
>5B	1次/(3~7d)

注:B为隧道开挖宽度。

3 拱顶下沉和水平收敛量测断面的间距:Ⅲ级及以上围岩20~50m;Ⅳ级围岩10~20m;Ⅴ、Ⅵ级围岩5~10m。围岩变化处应适当加密,在各类围岩的起始地段增设拱顶下沉测点1个或2个,水平收敛1对或2对。当发生较大涌水时,Ⅴ、Ⅵ级围岩量测断面的间距应缩小至5m。

4 各测点应在避免爆破作业破坏测点的前提下,尽可能靠近工作面埋设,一般为0.5~2m,并在下一次爆破循环前获得初始读数。初读数应在开挖后12h内读取,最迟不得超过24h,而且在下一循环开挖前应完成初期变形值的读数。

5 净空水平收敛测线的布置应根据施工方法、地质条件、量测断面所在位置、隧道埋置深度等条件确定。在地质条件良好,采用全断面开挖方式时,可设一条水平测线;当采用台阶开挖方式时,可在拱腰和边墙部位各设一条水平测线。

6 拱顶下沉量测应与净空水平收敛量测在同一量测断面内进行,可采用精密水准仪测定下沉量。当地质条件复杂,下沉量大或偏压明显时,除量测拱顶下沉外,尚应量测拱腰下沉量和基底隆起量。

12.4.3 地表下沉量测:

1 位于Ⅳ~Ⅴ级围岩中浅埋的隧道,应进行地表沉降量测。根据图纸要求或监理工程师要求,应在施工过程中可能产生地表塌陷之处设置观测点,地表下沉观测点按普通水准基点埋设,并在预计破裂面以外3~4倍洞径处设水准基点,作为各观测点高程测量的基准,从而计算出各观测点的下沉量。地表下沉桩的布置宽度应根据围岩类别、隧道埋置深度和隧道开挖宽度而定。地表下沉量测断面频率及间距见表12.4.3-1和表12.4.3-2。

表12.4.3-1 地表下沉量测断面频率

量测断面距开挖工作面的距离	量测频率
<2.5B	1~2次/d
<5B	1次/(2~3d)
≥5B	1次/(3~7d)

注:B为隧道开挖宽度。

表12.4.3-2 地表下沉量测断面间距

埋置深度 H	地表下沉量测断面间距(m)
$H>2B$	20~50
$B<H<2B$	10~20
$H<B$	5~10

注:1. 无地表建筑物时取表内上限值。
  2. B为隧道开挖宽度。

2 地表下沉监测范围横向应延伸至隧道中线量测$(1~2)(B/2+H+h)$,纵向应在掌子面前后$(1~2)(H+h)$(h为隧道开挖高度)。测点间距宜为2~5m,并应根据地质条件和环境条件进行调整。

3 地表下沉量测频率和拱顶下沉及净空水平收敛的量测频率相同。

4 地表下沉量测应在开挖工作面前方$H+h$处开始,直到衬砌结构封闭、下沉基本停止时为止。

5 地表下沉的量测尽量与洞内拱顶下沉量测、周边位移量测在同一横断面内,当地表有建(构)筑物时,应在建(构)筑物周围增设地表下沉测点。

6 地表下沉监测应在隧道开挖前开始,到二次衬砌全部施工完毕,且下沉基本停止时为止。

12.5 量测数据处理与应用

12.5.1 一般要求：

1 隧道现场监控量测应成立专门量测小组，负责日常量测、数据处理和仪器保养维修工作，并及时将量测信息反馈给施工部门和设计单位。测点埋设宜在施工部门配合下，由量测小组完成。各预埋测点应牢固可靠，不得任意撤换和破坏。

2 现场监控量测应按量测方案认真组织实施，并与其他施工环节紧密配合，不得中断工作。

3 每次量测后，应及时进行数据整理和分析，并绘制量测数据时态曲线和距离开挖面距离图；应绘制地表下沉值沿隧道纵向和横向变化量和变化速率曲线。

4 应根据量测数据处理结果，及时提出调整和优化施工方案和工艺。围岩变形和速率较大时，应及时采取安全措施，并宜变更设计。

5 围岩稳定性、二次支护时间应根据所测得位移量或回归分析所得最终位移量、位移速度及其变化趋势、隧道埋深、开挖断面大小、围岩等级，以及支护所受压力、应力、应变等进行综合分析判定。

6 要定期编制监控量测周报、月报，监测数据异常时要第一时间报告。

7 监控量测周（月）报应包括：

1）监测工作概况（隧道施工进度、隧道地质素描、监测工作量统计、监测到的异常情况）。

2）量测资料整理与分析（地表边坡、周边位移、拱顶下沉）。

3）下周（月）监测工作计划。

4）结论与建议。

5）附位移曲线图等。

8 监测数据应接入信息化管理系统，并实现实时预警，确保人员安全。

12.5.2 量测数据整理、分析与反馈应符合下列规定：

1 当位移-时间曲线趋于平缓时，应进行数据处理或回归分析，以推算可能出现的位移最大值和变化速度，掌握位移变化的规律。

2 当位移-时间曲线出现反弯点时，则表明围岩和支护已呈不稳定状态，此时应密切监视围岩动态，及时分析原因，提出对策和建议，并及时反馈给有关单位，采取有效措施加强支护，必要时暂停开挖。

12.5.3 围岩稳定性的综合判别，应根据量测结果，按下列指标判定：

1 实测位移值不应大于隧道的极限位移，并按表 12.5.3 位移管理等级施工。一般情况下，宜将隧道设计的预留变形量作为极限位移，而设计变形量应根据检测结果不断修正。

表 12.5.3 位移管理等级

管理等级	管理位移(mm)	施工状态
III	$U < (U_0/3)$	可正常施工
II	$(U_0/3) \leq U \leq (2U_0/3)$	应加强支护
I	$U > (2U_0/3)$	应采取特殊措施

注：U 为实测位移值；U_0 为设计极限位移值。

2 根据位移速率判断：速率大于 1mm/d 时，围岩处于急剧变形状态，应加强初期支护；速率变化在 0.2～1.0mm/d 时，应加强观测，做好加固的准备；速率小于 0.2mm/d 时，围岩达到基本稳定。在高地应力、岩溶地层和挤压地层等不良地质环境中，应根据具体情况制定判断标准。

3 根据位移速率变化趋势判断：当围岩位移速率不断下降时，围岩处于稳定状态；当围岩位移速率变化保持不变时，围岩尚不稳定，应加强支护；当围岩位移速率变化上升时，围岩处于危险状态，应立即停止掘进，采取应急措施。

4 初期支护承受的应力、应变、压力实测值与允许值之比大于或等于 0.8 时，围岩不稳定，应加强初期支护；初期支护承受的应力、应变、压力实测值与允许值之比小于 0.8 时，围岩处于稳定状态。

12.5.4 竣工文件中应包括下列量测资料：

1 现场监控量测计划。
2 实际测点布置图。
3 围岩和支护的位移-时间曲线图、空间关系曲线图，以及量测记录汇总表。
4 量测变更设计和改变施工方法地段的信息反馈记录。
5 现场监控量测说明。

13 路面及附属设施工程

13.1 混凝土路面

13.1.1 一般要求：

1 隧道路面施工宜在排水系统施工完成后进行，施工过程应确保排水设施完好，排水通畅。隧道洞外转向车道水泥混凝土路面应和洞内统筹安排施工，一气呵成。

2 由于水泥混凝土路面的抗折强度要求高，对碎石的强度和洁净度也相应要求较高。因此，应选择符合隧道路面使用质量要求的碎石，使用前应认真清洗。

3 混凝土路面正式施工前，应铺筑试验段以确定施工工艺参数。试验段长度宜为150～200m。水泥混凝土路面侧模应采用新的槽钢进行施工。

4 隧道路面施工过程中，隧道内应保持良好通风，并应设置满足施工需要的照明系统。为保证洞内空气质量，路面施工进洞的各类施工机械和车辆，应选用带净化装置的柴油动力，汽油动力机械不宜进洞。

5 隧道水泥路面应由专业化队伍进行施工，选用满足施工要求的配套机械设备，形成流水线作业。

6 水泥混凝土路面应根据施工组织设计连续浇筑。在浇筑过程中，应使已铺设路面地段的修整、防护、养护等作业得以正常进行。水泥混凝土路面强度未达到设计要求前，不得开放交通。

7 路面施工应选用满足施工要求的配套机械设备。各种机械设备（如三辊轴机组、振捣机及路面切缝机、刻槽机等机械设备）应提前进场，并在施工前做好安装调试工作。

8 如隧道采用沥青复合式路面，沥青混凝土上面层按照现行《公路沥青路面施工技术规范》（JTG F40）等相关规范执行，水泥混凝土下面层应参照本章规定执行。

9 隧道路面施工应按《关于开展高速公路隧道水泥混凝土路面施工专项整治工作的通知》（闽高路工〔2014〕134号）文件要求执行。

10 推进路面施工均质化，水泥混凝土路面平整度指标应不大于1.2。

13.1.2 施工工艺：隧道路面施工工艺流程如图13.1.2所示。

13.1.3 施工要点：

1 基底处理：路面施工前应对调平层进行专项报验，其几何尺寸、高程、纵横向坡等均应符合设计和规范要求,表面应冲洗干净、不积水,且排水系统良好。当调平层产生纵横向断裂、挤碎、隆起、碾坏或大面积高程偏高而影响路面厚度时,应使用铣挖机进行处理;当调平层只是局部小面积高程偏高影响路面厚度时,应予以凿除处理,确保面板厚度(图13.1.3-1)。

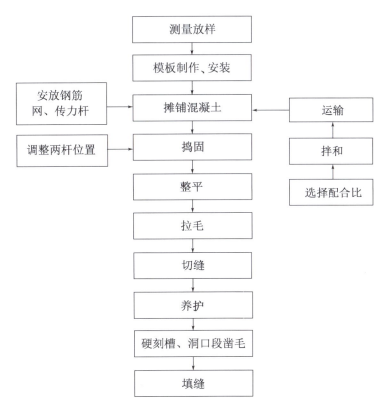

图13.1.2 隧道路面施工工艺流程

图13.1.3-1 基底调平层处理

2 模板安装：

1) 路面施工模板应采用强度、刚度足够的新槽钢,模板高度应与面板设计厚度一致,模板长度宜为3~5m。

2）模板安装前,应按边线支立模板,将基层与模板的接触带整平,然后沿立模边线将其贴立在基层顶面,对个别不平整处采取支撑措施,并用砂浆填塞;模板之间采用螺栓连接,使接头连接紧密;模板侧面每米应埋设1处地锚牢固支撑,保证在浇筑混凝土时能经受冲击和振动。

3）模板应安装稳固,接头紧密平顺,不得有离缝、前后错茬、高低错台等现象。禁止在基层上挖槽或嵌入安装模板。模板底部悬空处用砂浆封堵,模板接头和拉杆插入孔用塑料薄膜等密封,以免漏浆。模板与混凝土的接触表面应涂隔离剂。

4）模板安装完毕,应对立模的平面位置、高程、横坡、相邻板高差、顶面接茬平整度等安装精确度进行全面检查。

3 混凝土摊铺：

1）混凝土摊铺前,基层表面应清扫干净,并应洒水湿润,但不得积水。

2）应由专人指挥车辆均匀卸料。布料应与摊铺速度相适应,摊铺厚度应考虑振实预留高度（数据由铺筑混凝土试验段确定）。

4 混凝土振捣：布料长度大于10m时,可开始振捣作业。当采用密排振捣棒组间歇插入振实时,每次移动距离不宜超过振捣棒有效作用半径的1.5倍,并不得大于500mm,振捣时间宜为15~30s。当采用排式振捣机连续拖行振实时,应匀速缓慢、连续不间断地振捣行进,作业速度应视作业效果确定（以拌合物表面不露粗集料,液化表面不再冒气泡并泛出水泥浆为准）,且宜控制在4m/min以内。同时,应使用2根手持振捣棒,对靠近模板、钢筋位置等不易振实部位应辅以插入式振捣棒振实（图13.1.3-2）。

图13.1.3-2 插入式振捣机连续拖行振实

5 整平：

1）混凝土经振捣机振实后,应立即用三辊轴进行提浆和整平。三辊轴滚压整平时,应有专人处理轴前料位的高低情况,过高时应辅以人工铲除,轴下有间隙时,应使用混凝土找补（图13.1.3-3）。

图 13.1.3-3 三辊轴提浆、整平施工

2）三辊轴整平后，表面宜采用横向通长的铝合金刮尺往返 2～3 遍进行精确刮平，使混凝土表面的平整度基本达到 $\sigma=1.2$ 之要求。同时应进行清边整缝，清除粘浆，修补缺边、掉角（图 13.1.3-4）。

图 13.1.3-4 铝合金刮尺刮平

3）混凝土用直尺刮平后，待其表面泌水完毕后及时进行精平，以保证路面表面平整度。

6 拉毛：精平完成后，应再拉毛处理，以恢复细部抗滑构造（图 13.1.3-5）。

7 接缝施工：

1）纵缝施工：

（1）为便于水泥混凝土路面标线，隧道路面纵缝应设置在中心线向左 10cm 处。在角隅处应进行补强钢筋。

（2）在面板振实过程中，应随即安装纵缝拉杆。为使拉杆安装牢固、水平、居中，并与接缝垂直，应用手持振捣棒边振捣边调整拉杆，使之符合要求。

图 13.1.3-5 路面精平、拉毛及平整度检测

（3）横向面板连接摊铺前，若发现因跑模而引起纵向施工缝不顺直，应弹线用切割机进行切割顺直；对模板底部漏浆混凝土也应凿除清理；侧边拉杆应校正扳直，若发现拉杆松脱或漏插，应钻孔重新植入。

（4）横向面板连接摊铺时，应在纵向施工缝上半部涂满沥青，然后硬切缝并填缝。

2）横向缩缝施工：

（1）路面横向缩缝一般有两种，一种为不设传力杆假缝型，一种为假缝加传力杆型，均应采用切缝法施工。有传力杆缩缝的切缝深度应为 1/3～2/5 板厚，最浅不得小于 80mm；无传力杆缩缝的切缝深度为 1/3～1/4 板厚，最浅不得小于 60mm。

（2）缩缝传力杆的施工方法应采用前置钢筋支架法，钢筋支架应具有足够的刚度，传力杆应准确定位，摊铺之前应在基层表面放样，并用钢钎锚固，宜使用手持振捣棒先振实传力杆高度以下的混凝土，然后再摊铺上层混凝土。传力杆无防黏涂层一侧应焊接，有涂料一侧应绑扎。

3）横向施工缝施工：每天摊铺结束或摊铺中断时间超过 30min 时，应设置横向施工缝，其位置宜与胀缝或缩缝重合，横向施工缝在缩缝处采用平缝加传力杆，施工缝传力施工方法同缩缝传力杆。在胀缝处其构造与胀缝相同。

4）胀缝设置与施工：隧道进出口应按要求设置胀缝。洞内需要设置胀缝时，应结合洞内衬砌沉降缝设置。

胀缝应采用前置钢筋支架法施工。前置法施工，应预先加工、安装和固定胀缝钢筋支架，并在使用手持振捣棒振实胀缝板两侧的混凝土后再摊铺。宜在混凝土未硬化时，剔除胀缝板上部混凝土，嵌入 (20～25)mm×20mm 的木条，整平表面。胀缝板应连续贯通整个路面板宽度。

5）灌缝：混凝土面板养护期满后，应及时灌缝。灌缝前应先采用切缝机清除接缝中的杂物，再使用压力水和压力空气彻底清除接缝中的尘土和其他杂物，确保缝壁和内部清洁、干燥。常温施工时灌缝与板面齐平，冬期宜填为凹液面。

根据设计图纸要求，接缝填缝料应采用橡胶沥青类，胀缝接缝板采用沥青纤维类或橡胶泡沫板，其各项指标应符合规范要求。填缝应饱满、均匀、厚度一致并连续贯通，填缝料不得缺失、开裂和渗水。

8 抗滑构造施工：如水泥混凝土路面作为上面层，还需要进行抗滑构造施工。当路面混凝土抗压强度达到40%后即可开始硬刻槽，并宜在两周内完成（图13.1.3-6）。刻槽深度应为3～4mm，宽度为3～5mm，槽间距为15～25mm。硬刻槽后应随即将路面冲洗干净，并恢复路面的养护。

图13.1.3-6 刻槽机刻槽施工

9 养护：一般在混凝土路面拉毛2h、表面具有一定强度后立即覆盖土工布进行保湿养护，一般保湿养护天数宜为14～21d，高温天气不宜少于14d，低温天气不宜少于21d。养护期间，禁止车辆和人员在其上行走。

13.2 沥青路面

隧道沥青路面施工应符合"路面工程"分册的要求，并满足路面均质化指标要求。

13.3 设备洞、横通道及预留洞室

13.3.1 消防洞、设备洞、车行或人行横通道、其他各类洞室设置应满足设计要求，当原定位置地质条件不良时，施工单位应会同监理、设计及建设单位根据实际情况调整。

13.3.2 隧道边墙内的各类洞室以及消防洞、设备洞和横通道等与正洞连接地段的开挖，宜在正洞掘进至其位置时，将该处一次开挖成型。

13.3.3 各类洞室和横通道与正洞连接地段，支护应按设计予以加强。

13.3.4 各类洞室和横通道初期支护宜采用锚喷支护，必要时增设钢架支撑。支护应紧跟开挖。

13.3.5 设备洞、横通道及其他各类洞室的永久性防排水工程，应与正洞一次同时完

成。各类洞室和横通道与正洞连接的折角处,防水层应根据铺设面的形状平顺铺设,不得出现空白。洞室不得设在各种衬砌结构变化处及施工缝、变形缝处。

13.3.6 设备横洞、横通道、预留洞室等二次衬砌施工应符合下列规定:

1 设备洞、横通道与正洞连接处的钢筋应互相连接可靠,绑扎牢固。该处的衬砌应与正洞一次同时完成。

2 复查防排水工程的质量,防排水工程符合设计要求后,方可进行二次衬砌施工。

3 衬砌中各类预埋管件、预留孔、槽及边墙内的各类洞室应按设计位置定位;宜尽早落实各种附属设施之间以及他们与排水系统之间有无冲突,如有冲突,应会同有关方尽早解决。模板架设时应将经过防腐与防锈处理后的预埋管、件绑扎牢固,留出各类孔、槽及边墙内的各类洞室位置。灌筑混凝土时应确保各类预埋管件、预留孔、槽不产生位移。

13.4 水沟、电缆沟

13.4.1 水沟、电缆槽开挖应与边墙基础开挖同时进行,不得在边墙浇筑后再爆破开挖。

13.4.2 电缆槽壁与边墙应连接牢固,必要时可加设短钢筋。

13.4.3 水沟可采用预制或现浇,采用预制边沟安装时应保证边沟接头紧密、不渗漏,与相邻路面接缝平整。

13.4.4 水沟应与衬砌排水、路面排水的管路连通,保持顺畅。

13.4.5 电缆槽盖板应按《关于印发福建省高速公路隧道高性能纤维混凝土电缆沟盖板标准图的通知》(闽高指建〔2023〕31号)要求,采用统一标准,提升运营期养护维修便利性(图13.4.5)。

图13.4.5 隧道高性能纤维混凝土电缆沟盖板

13.4.6 如在施作矮边墙时未一次成型电缆沟侧墙,施工电缆沟侧墙前应凿毛,并配置连接钢筋和水平钢筋。

13.4.7 电缆沟靠路面一侧应滞后路面施工,以免影响路面机械摊铺。

13.5 蓄水池

13.5.1 蓄水池混凝土的浇筑应做到外光内实,无渗漏,并选择在地基坚固处。

13.5.2 在混凝土达到设计强度后,应进行注水试验。

13.5.3 设置避雷设备时,应进行接地电阻试验,其冲击接地电阻应符合设计要求。

13.5.4 具备条件的隧道洞口宜设置蓄水池(容积大于300m^3),保障养护用水。

13.6 预埋件

13.6.1 通风机的机座和基础应按设计要求施工。通风机底盘与机座相连的地脚螺栓应按设计要求的风机底盘螺栓孔布置预留灌注孔眼。螺栓埋设时,灌浆应密实。螺栓应与机座面垂直。

13.6.2 水泵基础应稳固可靠,并按设计要求埋设水泵地脚螺栓或预留孔位。

13.6.3 安装工程所用各种预埋件应按设计进行防锈蚀处理。

13.6.4 预埋钢管管口应打磨平整,管内穿5号铁丝,并在二次衬砌混凝土浇筑后进行检查、试通。

13.6.5 预埋钢板平行度不大于1%,位置偏差不大于10mm。

13.6.6 预埋件应保证结构尺寸满足设计要求,安装牢固,线形直顺。

13.6.7 应在衬砌混凝土施工时,严格按设计要求预埋接地网。

13.7 安全环保

13.7.1 安全要求:
 1 施工区域应设警示标志,严禁非工作人员出入。

2 施工中应对机械设备、台车进行定期检查、养护、维修。

3 配备足够的消防灭火器材。

13.7.2 环保要求：

1 严格按照有关环保法律法规进行施工，不乱丢弃废弃物品，不乱排放施工污水。

2 减少工人工作接触高噪声的时间，对在声源附近工作时间较长的工人，采取发放耳塞、头盔等保护措施。

3 混凝土运输车清洗的废水应在指定位置排放，施工排水经三级沉淀后排放，严禁随意排放。

13.8 洞壁亮化工程

13.8.1 隧道采用涂装亮化时，在检修道以上至 3m 高的两侧墙面涂装亮光型（或亚光型）白色涂料，应选取黏结性能好、低延伸性、耐火、无毒的高漫反射率的材料（图 13.8.1）。涂层完工后应具有良好的耐久性，在隧道使用环境下耐久能达 5 年以上。

图 13.8.1 隧道洞壁亮化工程

13.8.2 隧道洞内涂料主要参考性能指标按《福建省交通运输厅关于推进实施公路隧道洞壁亮化的通知》（闽交建〔2022〕16 号）执行，其中，漫反射率不小于 0.7，耐刷洗性不少于 2000 次，耐人工气候老化性不小于 600h，干燥时间（表干）不大于 2h，燃烧性能等级 A，黏结强度为 0.5MPa（标准状态）和 0.3MPa（浸水后），耐沾污性不大于 15%，耐酸性不小于 48h，耐碱性不小于 48h，耐水性不小于 96h，耐温变性≥3 次循环。